MrTrashpack WUZZUP

TIPPS UND TRICKS FÜR DEINEN CHANNEL

W0047876

Philipp Betz und Heiner Bachmann

Loewe

FSC
www.fsc.org

MIX
Papier aus ver-
antwortungsvollen
Quellen

FSC® C018236

ISBN 978-3-7855-8784-3
1. Auflage 2017
© Loewe Verlag GmbH, Bindlach 2017
Umschlagfoto: © Sura Kandirian
Hintergrundbilder: freepik.com
Umschlaggestaltung: Ramona Karl
Printed in Poland

www.loewe-verlag.de

INHALT

MRTRASHPACK

David Hain und HandOfBlood mit Phil

MTV Charts mit Melissa Lee und Phil

MrTrashpack

Im Freizeitpark

Manuel, Kurono,
Phil und HandOfBlood

Paintball-Event mit HandOfBlood und Doktor Allwissend

INTRO

WAS GEHT AB, FREUNDE DES INTERNETS?!

Willkommen zu **WUZZUP**, der Ausgabe auf Papier oder als E-Book ☺! Wir freuen uns, dass du dich getraut und das Internet verlassen hast. Aber keine Sorge, das ist nur für kurze Zeit, denn unser Ziel ist es, **YouTube** mit geilen Inhalten zu rocken!

In diesem Buch erwarten dich also mehr als nur simple Tipps und Tricks, die dir ja jeder geben könnte. Wir gehen einen Schritt weiter und wollen dich optimal auf die spannende **YouTube-Welt** vorbereiten. Denn wir haben uns zusammengetan, um dir das nötige Know-how zu vermitteln, um dir den Start in diese Welt so einfach wie möglich zu gestalten.

Wer wir sind? Zum einen Heiner Bachmann, der bereits für zwei YouTube-Netzwerke tätig war und jetzt nach vier Jahren sein eigenes Ding aufzieht, um junge und talentierte YouTuber aufzubauen, zu unterstützen und zu vermarkten. Dann wäre da noch meine Wenigkeit – Philipp Betz aka **MrTrashpack**. Selbst ernannter YouTube-Freak, Kritiker, Fan, Bullshit-Rebell und seit fast sieben Jahren YouTuber und der Typ, der **Katja Krasavice** als Kanal der Woche hatte (traurig, aber wahr).

Wenn du dieses Buch liest, dann geh nicht gleich davon aus, dass dies eine Anleitung ist, um ohne großen Aufwand schnell zum Erfolg zu kommen. Denn um auf YouTube erfolgreich zu sein, musst du hart arbeiten, und es kann auch ein bisschen dauern. Bist du aber bereit, viel Zeit zu investieren, all dein Herzblut in deinen Kanal zu stecken, und dir sicher, dass auch Rückschläge dich nicht aus der Bahn werfen – dann kannst du richtig durchstarten.

Wir garantieren dir zwar nicht, dass du ein riesiger YouTube-Star wirst, aber wir können dir dabei helfen, die wohl beste Zeit in deinem Leben zu haben. Doch Erfolg heißt nicht, Millionen Abonnenten oder Millionen Views zu haben. Erfolg bedeutet viel mehr als das und du hast es in der Hand, wenn du die Tipps und Tricks in diesem Buch beherzigst.

Viel Spaß und hoffentlich Erfolg mit diesem Buch ☺!

Dein Phil
und dein Heiner

YOUTUBE

DIE BASICS

YouTube – das Phänomen, die zweitgrößte Suchmaschine der Welt, der Niedergang des Fernsehens, die Ausgeburt der Hölle, *das* Marketinginstrument der 2010er-Jahre, die Goldgrube, der Star-Macher, die Plattform des schlechten Geschmacks, die Verdummung der Menschheit, das Spielfeld der grenzenlosen Kreativität und der freien Meinungsäußerung, das Medium, mit dem Justin Bieber berühmt

wurde, und zu guter Letzt die Plattform mit den vielen süßen Katzenvideos.

Irgendwie hat jeder seine eigene Meinung zu YouTube. Aber gerade das macht die Plattform auch so spannend und abwechslungsreich. Auch du hast bestimmt deine ganz eigenen Ansichten. Da du dieses Buch in der Hand hältst, willst du wahrscheinlich auch ein Teil dieser verrückten Welt werden.

Für uns ist YouTube eine Möglichkeit, sich auszutoben, neue Dinge auszuprobieren, kreativ zu sein, Ideen umzusetzen, sich zu amüsieren und natürlich auch, um Geld zu verdienen. Aber um ohne Schwierigkeiten auf YouTube loslegen zu können und Spaß zu haben, solltest du gewisse Dinge vorher wissen.

WIE ALLES BEGANN ...

Unendliche Weiten ... nee, falsches Setting. Es war einmal vor langer, langer Zeit ... na ja, so lange ist es nun
auch wieder nicht her, aber YouTube feierte bereits vor
zwei Jahren, mit der Eröffnung des YouTube Space Berlin,

YouTube Space Promo-Stand: Tense von Applewar, Phil und Manniac

seinen zehnten Geburtstag. Denn am 23. April 2005
veröffentlichte der YouTube-Mitbegründer Jawed Karim
das allererste Video. „Me at the zoo" ist nicht gerade ein
Meisterwerk der Filmkunst und haut mit seinen 18 Sekunden bestimmt niemanden vom Hocker. Dennoch zeigt es
schon sehr deutlich, was die Plattform eigentlich sein sollte:
ein Videoportal für jedermann.

Damals wusste aber noch keiner so genau, welche Knöpfe man drücken musste, wie Videoinhalte aussehen sollten, wie man ein **Thumbnail** bastelt oder welcher Titel die meisten **Klicks** hervorruft. Also brachten die YouTube-Macher im Sommer 2011 das **YouTube Creator Playbook** heraus,

Markus Hündgen   25. Oktober 2011
▸ Öffentlich

Das "YouTube Creator Playbook" gibt es übrigens jetzt auch auf deutsch. Absolute Leseempfehlung für jeden, der auch nächste Woche noch etwas mit Bewegtbild machen will.
http://www.youtube.com/creators/de/playbook.html

YouTube Creator Playbook

um den jungen Videomachern einen Leitfaden zu geben, der erklärt, wie YouTube überhaupt funktioniert. Das Ding schlug ein wie eine Bombe. Im Oktober 2011 gab es dann auch die deutsche Version und nun startete YouTube so richtig durch.

Heiner und ich haben die 90 Seiten des Playbooks damals gelesen, denn für viele war YouTube zu dieser Zeit noch ein Mysterium. Leider können wir in diesem Buch nicht alle Themen ansprechen, deshalb solltest du auf jeden Fall mal bei der **Creator Academy** vorbeischauen.

In der **Creator Academy** von YouTube kannst du in verschiedenen Kursen das nötige Know-how zum Videomachen ganz schnell selber lernen.

Trotzdem versuchen wir, hier mal kurz die wichtigsten Facts zusammenzufassen.

ERSTELLEN EINES KANALS

Für all diejenigen, die noch keinen Kanal eingerichtet haben, beginnt alles mit der Überlegung: Was will ich mit meinem Kanal eigentlich machen bzw. was ist das Grundkonzept meines Kanals? Für diejenigen, die schon einen Kanal haben, ist das Basiswissen über YouTube dennoch wichtig, denn ihr könnt noch mal einen Schritt zurücktreten und über eure Anfänge nachdenken.

FOLGENDE GEDANKEN SOLLTEST DU DIR MACHEN UND AM BESTEN GLEICH AUFSCHREIBEN:

* In welche YouTube-Kategorie bzw. welches Genre soll dein Kanal gehören? Musik, Gaming, Comedy, Beauty & Fashion – die Möglichkeiten sind unbegrenzt.

* Worin liegen deine Stärken und wie kann dir das bei deinem Kanal helfen? Bringst du deine Familie und Freunde gern zum Lachen? Bist du Fitnessfan und willst deine Erfahrungen teilen? Willst du Wissen an andere weitergeben?
Wofür du dich auch entscheidest, zieh dein eigenes Ding durch, sei überzeugend und einfach du selbst.

* Wer würde sich deinen Kanal anschauen bzw. wer ist deine **Zielgruppe**?

* Welchen **YouTuber** findest du interessant und warum? Was kannst du von ihm oder ihr lernen?

* Prüfe, wie viel Zeit du für YouTube aufbringen kannst, und erstelle dir einen **Dreh- und Upload-Plan**. Zeitmanagement ist extrem wichtig, denn nur so kannst du regelmäßig Videos veröffentlichen für dich selbst und auch für deine Fans.

* Wie soll dein Kanal aussehen – das **Banner** oder der **Avatar**?
Jeder YouTube-Creator hat sein eigenes Branding, seine ganz eigene Marke, die ihn von anderen abhebt. Sei hier kreativ und kopiere niemanden, denn du bist einzigartig.

* Welchen **Namen** soll dein Kanal tragen? Manch ein YouTuber hat sich, ohne lang zu überlegen, auf einen Namen festgelegt und bereut es im Nachhinein. Das soll dir nicht passieren, denn auch dein Name ist ein Branding.

Wenn du dir zu all dem Gedanken gemacht und skizziert hast, wie alles aussehen soll, kannst du loslegen. Wie du dir technisch einen YouTube-Kanal anlegst, kannst du über folgenden QR-Code sehen.

WICHTIG: DU BRAUCHST EIN GOOGLE-KONTO.
ANSCHLIESSEND IST ES RELATIV EINFACH
UND SELBSTERKLÄREND.

Du hast jetzt deinen Kanal erstellt und ihm einen Namen gegeben, fehlen noch das Banner, dein Avatar und eine aussagekräftige Beschreibung deines Kanals. Das Kanalbanner ist Ausdruck und Visitenkarte deines Kanals.

Hierzu gibt es eine prima Anleitung für Größe und Form über den YouTube-Support-Link. Gleiches gilt für deinen Avatar oder dein Kanalsymbol. Das kann man mit einem Passbild vergleichen. Der nächste Schritt: dein erstes Video hochladen. Vorab solltest du das Video jedoch erst mal drehen ☺.

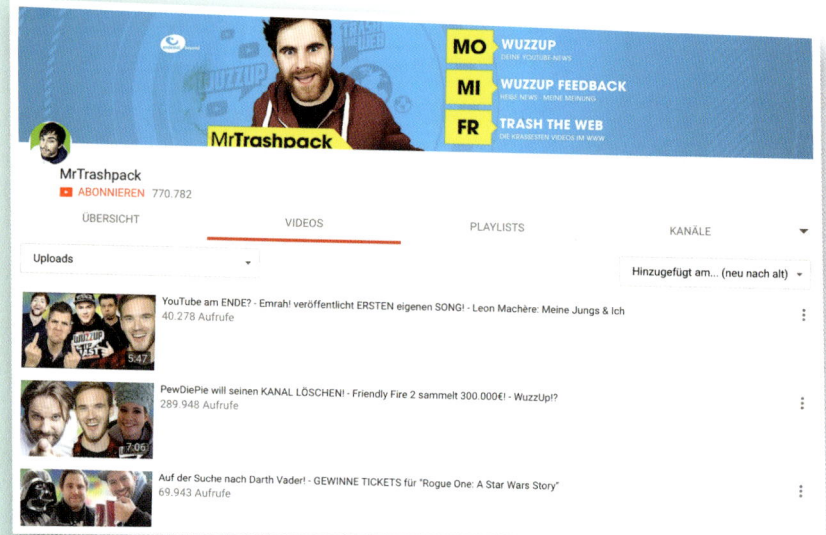

IDEE FÜR DEIN ERSTES FORMAT

Bevor du anfangen kannst, Videos zu produzieren, brauchst du zuallererst eine Idee. Ideen zu finden ist nicht das Problem. *Gute* Ideen zu finden hingegen schon.

Du kannst es dir natürlich sehr einfach machen und bei anderen bereits erfolgreichen Kanälen vorbeischauen und deren Ideen kopieren. Sollte das Format gerade angesagt sein, dann ist die Chance relativ hoch, dass du auch Zuschauer anlockst, die sich für dein Format ... ich meine, für *dieses* Format interessieren.

Das alles kannst du natürlich machen, so schwimmst du mit dem Mainstream, und wenn dir das Spaß macht, dann leg los. Aber um dich von der Masse abzuheben, musst du schon ein bisschen kreativ sein. Sich an bereits existierenden Ideen zu orientieren, ist die eine Möglichkeit. Eine andere ist, eine Idee, die es bereits gibt, zu nehmen und so anzupassen, dass zumindest dein eigener Charme dem Ganzen eine persönliche Note verpasst – oder hol dir dadurch nur die nötige Inspiration.

Der aber kreativste und auch aufwendigste Weg, ein gutes Format zu erschaffen, besteht darin, sich etwas selbst aus-zudenken und von Anfang bis Ende eigenständig zu planen. Hier stehen dir natürlich mehrere Möglichkeiten zur Ver-fügung. Der Aufwand dabei ist ganz klar vom Genre und von der Machart deiner Videos abhängig. Im vierten Kapitel werden wir etwas genauer auf den Entstehungsprozess eines Formats eingehen.

FORMATE – WAS DU WISSEN MUSST

Formate sind eine tolle Sache. Deine Zuschauer wissen dadurch ganz genau, was sie auf deinem Kanal erwartet. Du hast so die Möglichkeit, selbst festzulegen, wie deine Zielgruppe in Zukunft aussehen soll. Das kann dir im späteren Verlauf sehr hilfreich sein, wenn es darum geht, mit deinen Videos tatsächlich Geld zu verdienen. Auch kannst du so deine **Zuschauerbindung** verbessern, weil deine Videos so genau auf deine Fans zugeschnitten sind.

Solltest du immer wieder sehr verschiedene Videos produzieren, kann es passieren, dass deine Zuschauer sich nur für einen Teil deiner Clips interessieren. Das kann mit der Zeit dazu führen, dass deine Zuschauer verwirrt sind und dich deabonnieren oder du nur langsam an Abonnenten dazugewinnst. Es ist also wichtig, dass dein Kanal eine klare Linie verfolgt. Jedoch musst du beachten: Sobald du dich auf ein Format bzw. Genre festgelegt hast, ist es möglich, dass deine Zuschauer nur noch diese Art von Videos sehen wollen.

Ein festes Format sorgt also auch dafür, dass du eine gewisse Freiheit aufgibst, das zu machen, was du gerade wirklich willst. Natürlich kannst du auf deinem Channel immer tun, worauf du Lust hast, aber deine Zuschauer könnten es dir vielleicht übel nehmen. Ich erkläre das mal an einem Beispiel von mir, denn auch ich hatte dieses Problem:

Ich mache nun schon seit sechs Jahren Videos über YouTube. Die erste **WUZZUP** -Ausgabe ist am 21. Februar 2011 erschienen. Das Format ist bei meinen Zuschauern mit der Zeit immer besser angekommen und mein Kanal dadurch gewachsen. Irgendwann kam jedoch der Punkt, an dem meine Zuschauer nur noch Videos über YouTube von mir sehen wollten. Ich wurde quasi darauf reduziert. Immer wenn ich Videos über andere Themen produzierte und veröffentlichte, gab es eine Deabowelle. Gleichzeitig tauchten auch noch schlechte Bewertungen und zum Teil sehr gemeine und niederschmetternde Kommentare unter den Videos auf.

Die Clips an sich waren nicht schlecht, denn ich hatte sehr viel Liebe und Zeit investiert. Nur meine Community hat eine andere Art von Videos auf meinem Kanal einfach nicht interessiert. Du musst dir also immer vor Augen halten, dass sich auf ein Format festzulegen, auch heißt, eventuell nur noch ein Genre zu bedienen.

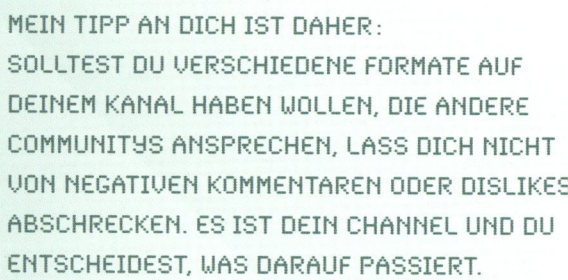

Was du ebenfalls machen kannst – das habe ich auch gemacht –, ist, einen zweiten Kanal zu erstellen, für all die Videos, die extrem von deinem eigentlichen **Kanalkonzept** abweichen. Doch auch hier musst du beachten, dass es viel Zeit und Arbeit bedarf, zwei Kanäle gleichzeitig zu managen. 100 Prozent Herzblut auf zwei Projekte zu verteilen, ist nicht einfach, und es kann passieren, dass am Ende einer der Kanäle darunter leidet. Dennoch, ich drück dir die Daumen – du wirst schon den richtigen Weg für dich finden! Ja, und wenn du mehr über die **Formatentwicklung** lesen möchtest, dann ab zum Kapitel vier ...

VIDEO HOCHLADEN

In den folgenden Kapiteln erfährst du ganz genau, wie du ein Video erstellst und welches Equipment du dazu benötigst. Also gehen wir jetzt mal davon aus, dass du dein Video gedreht hast und es nun fertig zum Upload ist. Gratuliere, jetzt musst du dem Ganzen noch einen passenden Titel, Beschreibung und Thumbnail geben, um es für deine zukünftigen Zuschauer interessant zu machen.

Besonders der Titel ist ein bedeutendes Auswahlkriterium ob jemand sich dein Video überhaupt ansehen will. Drücke dich klar aus und versuche, die Neugier der Zuschauer zu wecken, ohne irreführend zu sein, denn das kann zur Verletzung von YouTube-Richtlinien führen.

HandOfBlood und DagiBee GEMEINSAM gegen HASS! - Miguel Pablo und HeracAy BEEF! - WuzzUp!?

MrTrashpack · 347.854 Aufrufe

ABONNIEREN 770.781

15 Tsd.   3 Tsd.

Zusätzlich ist die **Videobeschreibung** wichtig, vor allem der sichtbare Teil, bevor man auf **Mehr anzeigen** klickt.

> Veröffentlicht am 20.09.2016 · HandOfBlood, Dagi Bee, die SpaceFrogs und viele weitere setzen sich gegen Hass im Internet ein. Es gibt neuen YouTube Beef und eine neue YouTube-Funktion. Viel Spaß mit der neuen #WuzzUp.
>
> MEHR ANZEIGEN

Veröffentlicht am 20.09.2016 · HandOfBlood, Dagi Bee, die SpaceFrogs und viele weitere setzen sich gegen Hass im Internet ein. Es gibt neuen YouTube Beef und eine neue YouTube-Funktion. Viel Spaß mit der neuen #WuzzUp.
___
Instagram: http://instagram.com/mrtrashpack
Twitter: https://twitter.com/MrTrashpack
Facebook: https://www.facebook.com/MrTrashpack
EinfachPhil: https://www.youtube.com/user/EinfachPhil
Snapchat: mrtrashpack
___
Themen:
___
#nichtegal: http://bit.ly/2d2C0Mk
___
Bei Fame hört Freundschaft auf - Beef:
Miguel Pablo Disstrack: http://bit.ly/2cXaw9R
Miguel Pablo Video: http://bit.ly/2cRICbv
HeracAy: http://bit.ly/2cs4YTy
___
Comminity-Tap:
News: http://bit.ly/2ckrtqm
___
Kanal der Woche: http://bit.ly/2dhiviv
___
MUSIC BY: Endemol Music
___
Rock-Intro by: WhiteFloor: http://bit.ly/1F7TVHw
Lyrics and Original Song by: maximnoise and nicolascage09
maximnoise: http://bit.ly/1DEttD1
nicolascage09: http://bit.ly/1P67IkN
___
PRODUKTION:
Redaktion: Philipp Betz MrTrashpack
Schnitt: Philipp Betz MrTrashpack
Effekte: Philipp Betz MrTrashpack

Links die mit einem * /Sternchen/ gekennzeichnet werden sind Amazon und iTunes Affiliate Links. Ich bin im Amazon und iTunes Partnerprogramm und werde am Umsatz jeder Bestellung, die über einen meiner Links getätigt wird beteiligt, ohne dass es Mehrkosten für den Kunden gibt.

Danke, dass Du mit dabei bist! Es bedeutet mir viel, diese Videos für dich machen zu können! Du kannst mich unterstützen indem Du dieses Video bewertest oder es teilst. So hilft Du mir meinen Traum weiter zu leben. Vielen Dank!
Phil :D

| **Kategorie** | Unterhaltung |
| **Lizenz** | Standard-YouTube-Lizenz |

Hier kannst du interessante Details unterbringen oder den Themenverlauf deiner Sendung skizzieren. Außerdem musst du an dieser Stelle gegebenenfalls **Quellen** zu Musik oder Bildern angeben, die du in deinen Videos verwendest.

Auch die Links deiner Social-Media-Kanäle sind hier sehr gut aufgehoben. Inwiefern du jetzt noch Amazon-Links oder Ähnliches verbaust, ist natürlich ganz dir überlassen. Aber auch diese musst du natürlich entsprechend kennzeichnen, wenn du sie in einem Video benutzt.

Tags – ja, auch die gehören zu deinem Video. Sie sind die Keywords und sollen dem YouTube-Algorithmus, also dem Programm, das hinter YouTube steht, dabei helfen, dein Video auffindbar zu machen. Tags zählen zu den sogenannten Metadaten und werden nicht on-page angezeigt, sondern arbeiten im Hintergrund. Wer ein bisschen von SEO (Suchmaschinenoptimierung) versteht, bekommt das auch locker gebacken. Wem das Thema noch völlig unbekannt ist, der kann über folgenden Link auf der Creator Academy einen guten Einblick bekommen. Dort wird genau erklärt, wie man Metadaten optimal einsetzt. Um die Tags, die zur Suche genutzt werden, kurz zu erläutern, versuche, dich in die Lage eines YouTube-Nutzers zu versetzen. Was wurdest du in die Suchleiste bei YouTube eingeben, wenn du ein Video finden willst? Welche Worte verwendest du? Wichtig für dich: Erstelle nur Tags, die tatsächlich auch zu deinem Video passen.

Was jetzt noch fehlt, ist das **Thumbnail**. Übersetzt heißt es „Daumennagel" und bezeichnet das Vorschaubild zu deinem Video. Diese kleinen Miniplakate sind neben dem Titel wohl

HandOfBlood und DagiBee GEMEINSAM gegen HASS! - Miguel Pablo und HeracAy BEEF! - WuzzUp!?
MrTrashpack
347.796 Aufrufe

am wichtigsten, um Aufmerksamkeit zu erhalten. Auch hier solltest du keine irreführenden Bilder verwenden, sondern Material aus deinem Video nutzen, das den Inhalt bestmöglich wiedergibt.

Sei ebenfalls vorsichtig mit der Nutzung von Fremdmaterial. Es gab schon **Videosperrungen** wegen der Verwendung eines Leberwurst-Bildes, wofür der YouTuber keine Rechte besaß. Ein besonderes Missgeschick ist auch **Applewar** passiert. Sie haben einen Strike bekommen, weil sie das Foto von einem Toastbrot in einem Thumbnail eingebaut haben

und dafür keine Bildrechte besaßen. Auch YouTube selbst hat ein Auge auf die Thumbnails und schaut, ob sie den YouTube-Richtlinien entsprechen, denn wenn nicht, kann es zu einer Videosperrung kommen oder unter Umständen auch zu einer Altersbeschränkung, falls YouTube der Meinung ist, dass dein Video nicht für alle Altersgruppen geeignet ist.

So, was noch? Ja klar! Du hast die Möglichkeit, Info-karten, Anmerkungen oder die Abspannfunktion ein-zufügen. Alle drei Features sind dazu da, deine Community bestmöglich zu informieren. Wie das funktioniert, hat YouTube in seinem Support Center verständlich erklärt. Die folgenden drei QR-Codes führen dich dorthin:

 Infokarten

 Anmerkungen

 Abspannfunktion

Jetzt kann dein Video online gehen.

MEIN VIDEO GEHT ONLINE, WAS DANN?

Dein Video wird in die weite Welt geschickt und begeistert hoffentlich eine große Anzahl an Zuschauern. Die ersten Fans werden deinen Kanal abonnieren, unter deinem Video kommentieren, es liken und teilen.

Gerade wenn du schon eine gewisse Menge an Videos veröffentlicht hast, ist es wichtig, mit deiner Community in Kontakt zu treten. Das erfolgt in deinen Videos selbst, wenn

WuzzUp!?

YouTube am ENDE? - Emrah! veröffentlicht ERSTEN eigenen SONG! - Leon Machère: Meine Jungs & Ich
MrTrashpack
40.278 Aufrufe

PewDiePie will seinen KANAL LÖSCHEN! - Friendly Fire 2 sammelt 300.000€! - WuzzUp!?
MrTrashpack
289.948 Aufrufe

EXKLUSIV: Erste Ausschnitte aus #FinalClash + Neue Infos zur Finalen TubeClash Staffel
MrTrashpack
96.218 Aufrufe

du sie zum Beispiel dazu aufforderst, zu kommentieren und ihre Meinung zu einem Thema abzugeben. Man nennt das **Call to Action** und das führt dazu, dass sich deine Fans mit dir und deinem Kanal identifizieren können.

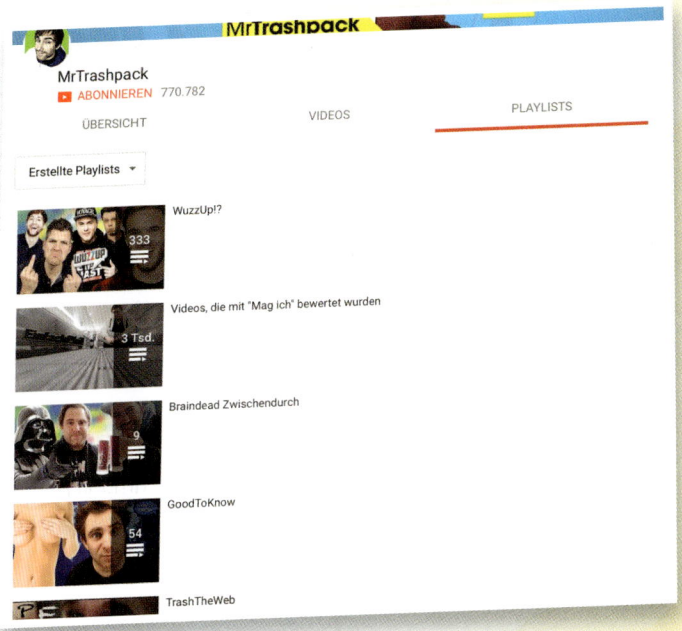

Um neue Zuschauer auf deinen Kanal aufmerksam zu machen, ist es ebenfalls hilfreich, einen Kanaltrailer zu erstellen, in dem du dich selbst und deinen Kanal vorstellst. Der Trailer muss nicht besonders lang sein. Aber er sollte aussagekräftig sein und neue Abonnenten vom Hocker hauen. Auch das Anlegen von Playlisten mit verschiedenen Themen und sogenannte Abschnitte helfen den Zuschauern, sich auf deinem Kanal zurechtzufinden.

Wie schon in den Fragen erwähnt, ist Zeitmanagement sehr wichtig für dich. Erstelle einen Plan, wann du ein Video veröffentlichen willst. So wissen deine Fans, wann sie auf jeden Fall wieder einschalten müssen. Wenn man WUZZUP als Beispiel nimmt, wissen wir: „Es ist schon wieder Montag, hier ist der Flashback, YouTube-News mit MrTrashpack …" Na ja, gut, manchmal ist es auch schon mal ein anderer Wochentag. Aber dennoch, ein Upload-Plan ist nicht nur für deine Fans wichtig, sondern auch für deine eigene Planung.

Wenn du regelmäßig Videos veröffentlichst – wobei wir aus Erfahrung sagen können, drei Videos in der Woche sind mindestens notwendig –, wird sich der YouTube-Algorithmus sehr darüber freuen. Möglicherweise tauchst du dann auch auf der YouTube-Startseite oder in den Trends auf. Wenn du mehr als drei Videos posten kannst, ist das natürlich super, doch solltest du dich gerade am Anfang nicht übernehmen.

YOUTUBE-ANALYTICS: WARUM SIND DIE WICHTIG?

Um eine richtig aktive und vor allem treue Community aufzubauen, ist es notwendig, deine YouTube-Analytics zu kennen. In den Analytics findest du verschiedene Daten zu deinem Kanal und deinen Videos, anhand derer du Rückschlüsse darauf ziehen kannst, wie gut oder auch eben nicht so gut alles läuft. Die Analytics sind dein Hilfsmittel, um deinen Kanal weiterzuentwickeln. Da sich jede Community anders verhält, bekommst du über die Analytics einen prima Einblick. Die wenigsten mögen Statistiken, aber sie helfen dir, deine Fans, ihre Gewohnheiten und Eigenheiten kennenzulernen. Wir können leider nicht auf jedes Detail der Analytics eingehen, versuchen aber, einige wichtige Punkte vorzustellen, damit du weißt, wie das Ganze funktioniert.

Zuallererst musst du dich in deinen Kanal einloggen. Anschließend öffnest du dein Creator Studio und klickst auf der linken Seite auf deine Analytics. Hier wird dir auffallen, dass schon der erste Blick einen relativ guten Aufschluss über deinen Kanal und deine Videos gibt. In der Übersicht findest du neben der Wiedergabezeit natürlich deine Aufrufe, Bewertungen und Kommentare, die Top-10-Videos und die Zugriffsquellen – um nur einige zu nennen. Und ja, auch deine Einnahmen sind dort zu sehen. Für dich werden am Anfang aber nicht so sehr die Einnahmen von Bedeutung sein, sondern deine Aufrufe und Abonnenten sowie die Inter-

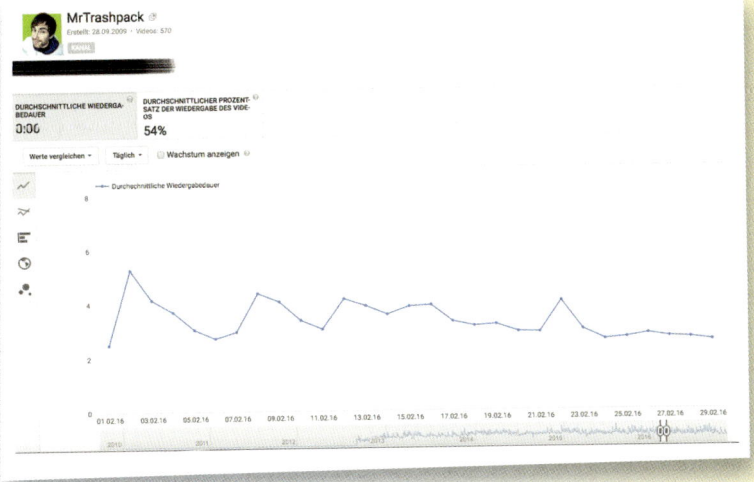

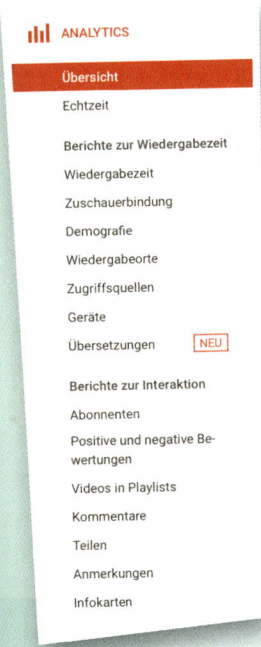

aktionen deiner Community, um deinen Channel weiter auszubauen. Dieser Überblick zeigt dir, ob und in welcher Höhe du **Zuwächse** hast.

Auf der linken Seite des Bildschirms findest du eine **Sidebar**, die dich in die detaillierten Ansichten deiner Analytics bringt. Die Unterteilung in **Berichte zur Wiedergabe** und **Berichte zu Interaktionen** ist zu Beginn besonders wichtig. Hier kannst du einstellen, ob du die Analytics für den gesamten Kanal erforschen willst oder dir ein bestimmtes Video vornimmst.

BERICHTE ZUR WIEDERGABE:

Eine der wichtigsten Kennzahlen für YouTube-Videos ist die **Wiedergabezeit**. Sie ist quasi die Währung für den Algorithmus. Je höher dieser Wert ist, umso größer ist die Wahrscheinlichkeit, dass deine Videos in den Suchergebnissen und Empfehlungen angezeigt werden. Auch die **Zuschauerbindung** spielt eine Rolle. Ein Wert zwischen 40 und 50 Prozent ist schon echt gut. Je höher der Wert liegt, desto besser. Aber auch hier musst du verschiedene Dinge beachten, wie diese Beispiele dir zeigen sollen.

BEISPIEL 1:
DEINE VIDEOS SIND IN DER REGEL FÜNF MINUTEN LANG UND DEINE ZUSCHAUER BLEIBEN DIE HÄLFTE DER ZEIT BEI DIR. DANN BIST DU BEI EINEM GUTEN PROZENTWERT.

BEISPIEL 2:
DU HAST IM DURCHSCHNITT 15 MINUTEN LANGE VIDEOS UND DEINE ZUSCHAUER GUCKEN MINDESTENS 50 PROZENT DER ZEIT. DAS WÄREN 7:30 MINUTEN UND SOMIT EIN WESENTLICH BESSERER ZEITWERT ALS BEI BEISPIEL 1.

Das bedeutet aber nicht, dass du 15 Minuten lange Videos produzieren musst, sondern Videos drehen sollst, die für dich und deine Zuschauer interessant sind. Eine **Zuschauerbindung** von 100 Prozent erreicht niemand – jedenfalls ist uns niemand bekannt, auf den das zutreffen würde. Zusätz-

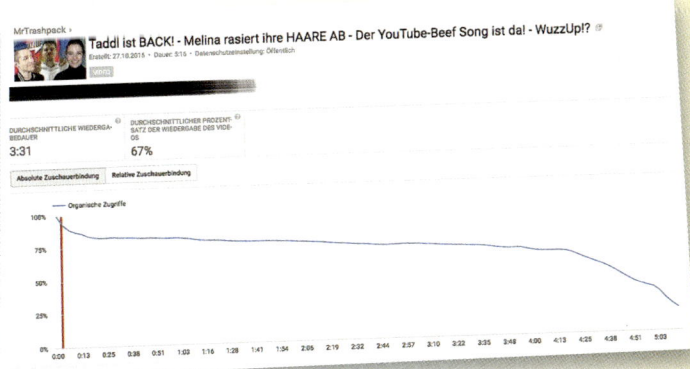

lich zeigt dir die Zuschauerbindung auch, an welchem Punkt ein Video abgebrochen wird.

Sollte das zum Beispiel in den ersten 15 Sekunden passieren, kannst du davon ausgehen, dass dein Titel oder das Thumbnail nicht deinen Videoinhalten entspricht und sich deine Zuschauer getäuscht fühlen. **Peaks** im Diagramm können darauf hinweisen, dass sich deine Zuschauer manche Stellen noch mal anschauen. Wenn sich ein schrittweiser Rückgang abzeichnet, machst du alles richtig. Das ist der normale Verlauf. Bei einem krassen Absturz solltest du im Video die Stelle überprüfen und möglicherweise deine Strategie bei zukünftigen Videos ändern. Aber keine Panik, wenn so etwas mal vorkommt, bedeutet es nicht, dass du direkt alles umwerfen musst.

Ein weiterer wichtiger Punkt ist die **Demografie**. Über sie erfährst du, wie die Altersstruktur deines Kanals aussieht und ob du mehr männliche oder weibliche Zuschauer hast.

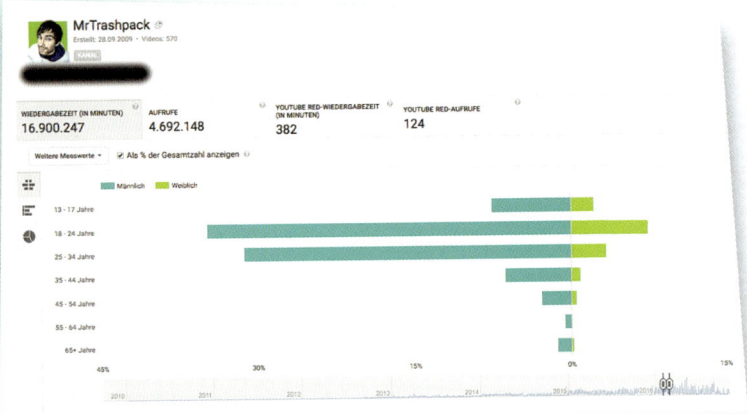

Dabei ist es ganz selbstverständlich, dass ein Beauty-und-Lifestyle-Kanal überwiegend weibliche Zuschauer hat und ein Gaming-Kanal meist männliche Abonnenten. Wobei es auch hier Ausnahmen gibt. Wahrscheinlich hat ConCrafter auch ziemlich viele weibliche Zuschauer, obwohl er eigentlich ein typischer Gamer ist.

Da du im Lauf deines YouTube-Lebens verschiedene Entwicklungen durchmachen wirst, ist es ein ganz natürlicher Prozess, wenn sich deine Demografie wandelt und die Altersstruktur und Geschlechterverteilung sich verändern. Man kann hier aber auch einwirken und diesen Wandel durch die Änderung der Themen herbeiführen, indem du zum Beispiel ein neues Format einführst oder versuchst, eine andere Zielgruppe anzusprechen. Als

ideales Beispiel hierfür dient **Valentin Möllers** Kanal iTouchTester. Ursprünglich wurde der Kanal nur von Apple-Fans geschaut. Als Valentin dann aber auch Smartphones mit Android-Betriebssystemen auf seinem Kanal zeigte, gab es einen Wechsel der Zielgruppe.

BERICHTE ZU INTERAKTIONEN:

Interaktionen – das ist das, wovon dein Channel eigentlich lebt. Du kannst grandiose Videos machen, spektakuläre Dinge erleben, den coolsten neuen Stuff reviewen oder einfach nur deine Geschichte erzählen. Ohne Feedback von deiner Community weißt du nicht, ob die Videos wirklich so grandios sind. Dieses **Feedback** erhältst du in Form von Likes und Dislikes, Kommentaren oder eben auch durch neu hinzugewonnene Abonnenten.

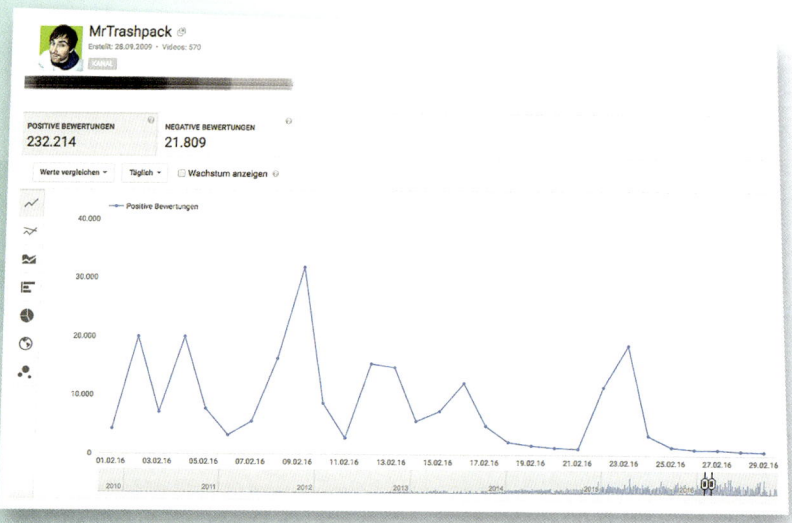

Sicherlich ist das deutlichste Anzeichen dafür, ob ein Video ankommt, das Verhältnis von **Likes** zu **Dislikes**. Wenn die Likes überwiegen, ist alles super. Sollten die Dislikes höher sein, prüfe in dem Video, warum das passiert sein kann. Sollte dein Video clean sein, es also keinen Grund für dieses Verhältnis geben, kann es entweder an einem Bot, also einem bösartigen Computerprogramm, oder einer Hater-Attacke liegen. Lass dich von so was nicht aus der Ruhe bringen. Melde dich bei dem YouTube-Support-Center, die können dir bei diesem Problem helfen. Falls du bereits einen Netzwerk-Manager oder eine Agentur haben solltest, kannst du dich natürlich auch direkt an sie wenden. Sollten aber die Dislikes auf Dauer überwiegen, wäre es vielleicht ratsam, wenn du etwas an deinem Kanal- oder Videokonzept ändern würdest oder du in dich gehst und noch mal ganz genau überlegst, was da eigentlich gerade falsch läuft.

Kommentare sind der direkte Verbindungskanal zu deiner Community. Wenn du ein Video veröffentlicht hast, ist es wichtig, sofort in den ersten Stunden aktiv eingehende Kommentare zu beantworten. Dadurch zeigst du, dass dir die Meinung deiner Fans wichtig ist. Wenn ein Video besonders viele Kommentare bekommen hat, also mehr als dein Durchschnitt, checke genau, was du dort anders gemacht hast. Manchmal sind es nur kleine Dinge, die du gezielt umsetzen und verbessern kannst.

vor 16 Stunden
Bin auf den Tag gespant, an dem ich mich in deinem Video entdecke! :D
Antworten · 15

vor 10 Monaten
Ich finde es schön das Gronkh zu den stärksten Kanälen in Deutschland zählt :)
Antworten · 179

vor 6 Monaten
Ist es eigentlich Absicht, dass Apored rückwärts "DerOpa" heist?
Antworten · 182

vor 10 Monaten
OMG WuzzUp am Montag?? :OO
Antworten · 35

vor 16 Stunden
Wer findet auch, dass MrTrashpack die besten News macht? :D
Antworten · 10

vor 16 Stunden
Omg am Montag 😄
Ne warte mal MONTAG 😭

vor 10 Monaten
Nice Folge, weiter machen.
Antworten · 104

vor 6 Monaten
Danke fürs Erwähnen man! Echt korrekt von dir :D
Antworten · 50

Natürlich ist viel **Interaktion** immer von Vorteil, da es für YouTube ein Beweis ist, dass deine Videos beliebt sind. Für dich sind diese Interaktionen Feedback deiner Community zu deinen Videos und zu dir selbst. Deshalb scheue dich nicht, sondern fordere deine Community konkret zum Kommentieren auf – **Call to Action**. Ebenfalls ganz wichtig: **Sie sollen deine Videos liken, wenn sie ihnen gefallen, und natürlich teilen, auch auf anderen Social-Media-Plattformen.** Mit der Zeit wird deine Community diese Interaktionen von selbst machen. Vergiss deshalb nicht, deine Community immer wieder direkt anzusprechen. Mach doch mal eine Umfrage und starte somit eine interessante Debatte.

Egal, was du machst, durch deine YouTube-Analytics gewinnst du das nötige Wissen über deine Community und kannst gezielt auf sie eingehen. So gewinnst du nicht nur Zuschauer, sondern mit der Zeit auch treue Fans.

YOUTUBER,

DIE MAN GESEHEN

HABEN MUSS

Jetzt wollen wir kurz einige **YouTuber** beleuchten, die wir beide feiern und die du unbedingt gesehen haben musst. Von diesen Kanälen kannst du dir Inspiration für deinen eigenen Channel holen.

DE CHANGEMAN

Wer auf Satire steht und beim Gucken von Videos auch mal nachdenken möchte, dem empfehlen wir Joseph Bolz' Kanal De Changeman. Als Schauspieler ist er dem einen oder anderen vielleicht aus dem Film *Crazy* bekannt. Mit seinem Format Zoo ohne Tiere belegte er 2016 den zweiten Platz bei Your Turn, dem Video-Creator-Wettbewerb, der privat, öffentlich und netzwerkunabhängig gefördert wird. Vor allem mit seinem Charakter Dr. Gratamus Schatze BA (gespielt von Sebastian Weimar) macht er das Serien-Epos zu einem außergewöhnlichen Erlebnis. Aber Vorsicht: Diese Art Humor ist nicht für jeden etwas.

EDA VENDETTA

Ja, auch **Beauty und Lifestyle** haben es in unsere Liste geschafft. Sneaker sind Edas Leidenschaft, doch überzeugt sie uns mit ihrer einzigartigen Berliner Art, denn sie redet, wie ihr der Schnabel gewachsen ist. Sie nimmt sich oftmals selbst nicht so ernst und erklärt dir auf witzige Art und Weise „**10 Dinge, die nur Ausländer tun**". Sie hat sogar ihr eigenes Modelabel und begeistert damit ihre Community!

100SEKUNDENPHYSIK

Was hat es eigentlich mit Schrödingers Katze auf sich? In der Serie *The Big Bang Theory* wird so oft von Schrödingers Katze gesprochen, aber viele verstehen nur Bahnhof. Der Kanal **100SekundenPhysik** ist ein wunderbares Tool, um physikalische Fragen – wie zum Beispiel die nach Schrödingers Katze – zu beantworten. Hier wird dir verständlich erklärt, was es damit auf sich hat, und wenn Penny das kapiert, dann du ganz bestimmt auch.

ELLA THEBEE

Ellas Kanal ist eine Mischung aus DIY, Lifestyle, Entertainment, Food, Beauty und Organisation. Quasi eine bunte Mischung Heiterkeit für Jungs und Mädels. Ja, sie macht Schminkvideos. Und ja, sie erklärt dir, wie du ein glutenfreies Kürbisbrot bäckst. Aber in ihrem Format **Kaffeeklatsch** widmet sich Ella auch den wichtigen Fragen des Lebens: Was soll ich nach dem Abi machen? Wie lerne ich richtig? Wie motiviere ich mich selbst? Diese Fragen hast du dir wahrscheinlich auch schon mal gestellt. Auf geht's zu **Ella TheBee**, sie kennt die Antworten!

DILLAN WHITE

Dillan ist **Vlogger** durch und durch. Witzig, auf Reisen und bereit, auch mal mit einem Fallschirm von einer österreichischen Alm zu springen. Es sind gar nicht mal seine Schnitttechnik oder seine Special-Effect-Skills, sondern seine unkomplizierte Art, die seine Vlogs so außergewöhnlich macht. Unbedingt ansehen solltest du dir sein Video „**Fang an zu leben**".

NOOBTOWNMONKEYS

Manchmal stellt man sich die Frage, ob in YouTube-Deutschland nur die Asiaten Special Effects und geile Storys reißen können. Ob jetzt **Julien Bam** oder eben die **NoobtownMonkeys**, es ist einfach unglaublich, was diese Jungs alles hinbekommen. Laut John ist Bao fleißig, talentiert und schüchtern. Umgekehrt ist John ein wilder, perverser Affe. Was davon nun stimmt, ist im Grunde egal. Es macht einfach Spaß, ihre Videos zu sehen und zu wissen, dass es wirklich geniale Qualität auf höchstem Niveau gibt. Lass dich inspirieren!

FELIXBA

Wer auf **Technik**, **Reviews und Tutorials** steht, kommt bei Felix voll und ganz auf seine Kosten. Felix ist nicht nur sympathisch und weiß, wovon er redet, sondern überzeugt auf ganzer Linie durch seine filmisch gestalteten

Videos. Wer eine der besten *Phantom 4*-Reviews ever sehen will, muss unbedingt auf seinem Kanal vorbeischauen.

KLEIN ABER HANNAH

Knapp 1,60 Meter geballte Power, die zwei Mal die Woche ausbricht. **Klein aber Hannah** ist **Alltags-Comedy** der Wiener Art. Wer sich schon immer gefragt hat, was wäre, wenn Schokolade ein Mensch wäre, oder warum es geil ist, erwachsen zu sein, sollte sich ihre Videos ansehen. Auf keinen Fall entgehen lassen solltest du dir ihre **Werbung vs. Realität**-Clips, in denen sie gern jede Art von Marke auf die Schippe nimmt.

REZO

Im Grunde braucht man nur drei Buchstaben, um rezo zu beschreiben: **WOW!** Ob Covermusik, Remix oder Mashup, was er auf seinem Launchpad zaubert, ist wirklich genial. **Und er kann singen!** Ihm zuzuhören ist echt klasse, weil er sich in jedem Musikstil zu Hause fühlt – egal ob a cappella, Funk, Cloud, Glitch-Hop oder Post-Hardcore. Ein Muss für jeden Musikfan!

B.A.

B.A. ist schon ein alter Hase, was YouTube angeht. Er hat schon so viel mit zahlreichen YouTubern zusammen gemacht, dass er aus der Community eigentlich nicht mehr wegzudenken ist. Doch es hat einige Zeit gedauert, bis er 10.000 Abonnenten erreicht hat, obwohl er so qualitativ grandios gute Videos produziert. Anfang 2016 packte er seine Skills aus und hat **ApoRed's „Everyday Saturday"** neu editiert. MEGA!

BENX

„Hallo, ihr Rabauken!" – so begrüßt Benson seine Community. Mit seinen Videos zu *Minecraft*, den **„Lucky Blocks Battles"**, den **„TNT Wars"** oder **„Minecraft School"** begeistert er seit knapp drei Jahren seine Fans. Jetzt wirst du vielleicht sagen: „Na, noch so ein Gamer!" Ja, vielleicht, aber **Benx** ist wirklich unglaublich sympathisch, neigt kaum zu geschmacklosem Humor und es macht richtig Spaß, sich seine Videos anzuschauen.

FORMAT-
ENTWICKLUNG

Wenn du auf YouTube erfolgreich sein möchtest, brauchst du unbedingt einen Wiedererkennungswert. 08/15 zu sein kann zwar kurzfristig funktionieren, auf lange Sicht solltest du jedoch versuchen, aus der Masse an Kanälen herauszustechen, anders als die anderen zu sein – etwas ganz Besonderes. Erreichen kannst du das über deine **Persönlichkeit** oder auch über dein **Videoformat**.

TrashTheWeb

KINDER ENTFÜHRUNG: So schnell passiert es! - TrashTheWeb
MrTrashpack
171.554 Aufrufe

⋮

Social Experiment: Alles BULLSHIT und MANIPULATION!!! - TrashTheWeb
MrTrashpack
132.685 Aufrufe

⋮

PRANKS GONE WRONG: Hauptsache KLICKS!- TrashTheWeb
MrTrashpack
179.779 Aufrufe

⋮

In diesem Kapitel zeigen wir dir, wie du eine **Formatidee** entwickeln und dir so ein unvergessliches **Wiedererkennungsmerkmal** zulegen kannst. Ich bin zwar kein gelernter Regisseur, Drehbuchautor oder Produzent, konnte aber bereits viel Erfahrung sammeln. Denn nicht nur in meiner Laufbahn als YouTuber habe ich Formate entworfen, sondern auch schon davor, als Podcasts noch richtig **IN** waren. Sich ein Format auszudenken und diese Idee auszubauen, macht wirklich Spaß! Du wirst aber bestimmt ziemlich oft Formatideen haben, bei denen du denkst: **„GEIL!"**, dann aber schmerzlich feststellen musst, dass du der Einzige bist, der das so sieht. Aber legen wir erst mal los.

WIE FINDE ICH EINE IDEE?

Bevor du ein Format entwickeln kannst, musst du erst einmal eine Idee haben. Doch wie geht man an die Ideenfindung heran? Bei jedem ist das ein bisschen anders. Am Anfang stellen sich immer einige Fragen, die du beantworten solltest. Was kannst du besonders gut? Was sind deine Talente? Was macht dich aus? Das solltest du doch eigentlich wissen, denn wer kennt dich besser als du selbst? Aber wenn du hier nicht weiterweißt, dann kannst du auch Freunde und deine Familie fragen, was sie an dir am meisten schätzen. Wenn du jetzt ungefähr weißt, wo deine Talente liegen, dann solltest du dir andere YouTube-Kanäle ansehen. Genau so habe ich auch angefangen. Guck dir aber nicht nur an, was in Deutschland so los ist, sondern schau auch auf die Amerikaner. Vieles, was in den USA gerade IN ist, wird vermutlich ein wenig später auch bei uns in Deutschland IN werden.

Formate wie Food-Challenges, Pranks jeder Art oder „10 Arten von …" gleichen sich oftmals sehr, doch es gibt dabei auch Unterschiede. Jetzt müsste deine Frage sein: Warum gibt es eigentlich kein Format, das …? Egal, was du dort einfügen kannst, könnte dein Format werden! Eine Möglichkeit ist es, einfach mal auf deine Umwelt oder deinen Alltag zu achten. Dort passieren die interessantesten Dinge, wenn du genau hinsiehst. Es gibt den Begriff „Thinking out of the box", was heißt, dass du einfach mal außerhalb deines gewohnten Rahmens nachdenken solltest. Schreib dir alles auf, was dir einfällt, auch wenn es auf den ersten Blick vielleicht blöd klingt. Sammle so viele Stichworte, wie es geht, und ordne sie nach Themen. Man weiß ja nie, was man in Zukunft alles machen kann. Google die Themen und recherchiere. Stell dir einfach Fragen: Wie funktioniert eine Bohrmaschine? Warum heißt ein Schmetterling „Schmetterling"? Der schmettert doch gar nicht. Was ist richtig: Schraubenzieher oder Schraubendreher? Und zack, hast du ein Wissensformat! Natürlich sind das nur Beispiele, wie man an die Ideenfindung herangehen kann. Am Ende kann dir die Idee auch beim Baden in der Wanne kommen oder beim Lesen eines, vielleicht *dieses* Buches.

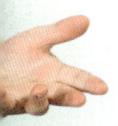

Vieles, was du auf YouTube siehst, gab es schon mal, wurde abgewandelt oder neu gestaltet. Deshalb ist es auch vollkommen okay, wenn du dich inspirieren lässt und einfach mal ein paar Ideen kombinierst. Kopieren solltest du aber lieber nichts, denn das kann rechtliche Probleme verursachen. Außerdem macht kreativ zu sein, einfach auch viel mehr Spaß und du kannst damit dein eigenes „Baby" schaffen. Solltest du also keine eigene Formatidee haben, guck, was man an bestehenden Formaten verbessern kann. Man muss ja kein Genie sein oder der nächste PewDiePie werden, sondern kann auch Dinge weiterentwickeln.

ICH HABE EINE GENIALE IDEE – WIE ENTWICKLE ICH SIE WEITER?

Meine Idee war es, YouTube-News zu machen, denn kein Zuschauer schaut sich *alle* YouTube-Kanäle in Deutschland an und weiß über *alles* Bescheid. Ich natürlich auch nicht. Dennoch war es für mich wichtig, euch zu informieren, was auf YouTube so los ist, wer was macht und welche Neuigkeiten es gibt.

Ich habe mir damals auch viele amerikanische YouTube-Kanäle angesehen und bin zum Beispiel über den Kanal TheWillofDC gestolpert, der ein Format namens „Winners and Losers" hatte. Es ging in dieser Sendung ausschließlich darum, welche YouTuber die größten Aboerfolge innerhalb einer Woche feiern konnten und wer am meisten

Abonnenten verloren hat. An sich ziemlich lame, doch richtig weiterentwickelt, wurden daraus der „Win und Fail der Woche" sowie die „Aboerfolge" für meine **WUZZUP**.

Minecraft ist schon seit Jahren das wohl beliebteste Game in der YouTube-Community. Doch auf Dauer kann man sich das nicht ansehen, denn auch hier muss es Abwechslung geben. Schon 2013 trafen sich acht befreundete Gamer, unter ihnen **ConCrafter**, **Dner**, **LPmitKev**, **GommeHD** und **Unge**, und setzten einen neuen Maßstab mit ihrem **MEGA PROJEKT**. Jeder der Teilnehmer bekam ein im Creative Mode erbautes Grundstück, auf dem seine eigenen Häuser entstehen sollten. Ob einzeln oder zusammen, sollten Survival-Abenteuer gespielt werden, wobei der Zuschauer die Möglichkeit hatte, seine eigenen Ideen einfließen zu lassen. Dadurch wurde dem Hype um *Minecraft* ein neuer Schub in Deutschland gegeben. Das **MEGA PROJEKT** war

eben kein „Standard PvP" oder „Hunger Game" mehr, sondern eine geniale Weiterentwicklung.

Was bedeutet das für dich? Ich versuche, das mal am Beispiel **darkviktory** zu erklären. Mik ist mit seinem Kanal schon seit 2009 auf YouTube unterwegs, also schon ein bisschen länger als ich.

Während seiner Anfänge erkennt man noch, dass er gerade dabei ist, seine Zeichentechnik zu entfalten. Mit seiner Parodie von *Deutschland sucht den Superstar* (DSDS) 2011 fängt er an, seinen eigenen Stil zu finden. Schon ein Jahr später ist  seine DSDS-2012-Parodie auf einem ganz anderen Level. In seinem Video „**DSDS 2012 – Making of**" erzählt Mik, wie er die Animation dazu gestaltet hat. Wie du siehst, ist für ihn die Entwicklung seiner eigenen

Skills sehr wichtig. Doch auch das **Konzept** seines Kanals entwickelte sich weiter. Mit der Idee, Parodien bekannter Fernsehsendungen zu produzieren, war es für ihn nur logisch, dass dann auch das *Dschungelcamp* und *Das Supertalent* folgen sollten. Doch auf Dauer wollte Mik das nicht machen.

Sein Ziel war, eine von ihm selbst kreierte, animierte Serie zu drehen. Und mit **TubeClash** hat Mik ein Format geschaffen, das es so auf YouTube noch nicht gab. Die unterschiedlichen YouTuber, wie **iBlali**, **Doktor Allwissend** oder **Gronkh**, die in TubeClash vorkommen, bringen natürlich auch ihre eigenen Communitys mit. Das zusammen mit der direkten Einbindung der Zuschauervorschläge und -ideen ist einmalig in der YouTube-Welt. **darkviktory** sagt selbst, dass er der Welt zeigen wollte, dass Unterhaltung tatsächlich besser sein kann.

Dass niemand dafür lächerlich gemacht oder vorgeführt werden muss. Auf diese Weise wollte er selbst Helden erschaffen und diese groß machen, ohne dabei jemanden klein machen zu müssen.

Worauf ich eigentlich hinauswill: Durch ständiges Weiterentwickeln deines Kanals und deiner Formate kannst du etwas Wunderbares schaffen und auf YouTube ganz groß werden. Du bist nur an dich und deine eigenen Grenzen gebunden. Doch wenn du diese Grenzen aufbrichst, ist alles möglich.

HANDWERKSZEUG

Viele, die in den klassischen Medien (Fernsehen, Zeitung etc.) arbeiten, belächeln uns YouTuber und das, was wir machen, immer noch ein wenig. Es heißt dann: Das ist doch nur YouTube. Sie sehen, wir machen Let's Plays oder Vlogs, Schmink-Tutorials oder erklären Technik. Manch einer dreht eine Webserie oder sogar einen ganzen Film. Da gibt  es zum Beispiel Zeos Film *Die Idee vom Glück*, der ist echt sehenswert – schau doch mal rein! Was diesen Leuten oftmals gar nicht klar wird, ist, dass wir dafür einen unglaublichen Aufwand betreiben und, meistens ohne die eigentlich dafür notwendige Ausbil-

dung, den Job eines Schauspielers, Produzenten, Kamera-
manns oder einer -frau, Cutters und Regisseurs in einem
übernehmen. Wir bringen uns alles selbst bei – Learning by
Doing. Was dabei herauskommt, kann sich zum Teil wirklich mit Film- und Fernsehproduktionen messen.

Um deine Formate und damit auch deinen Kanal weiterzuentwickeln, brauchst du einiges an Handwerkszeug. Dazu solltest du etwas darüber wissen, wie man ein Skript
schreibt, und auch, wie man ein Storyboard bastelt.

WARUM BRAUCHE ICH EIN DREHBUCH/SKRIPT?

Ein Drehbuch oder Skript ist dein Leitfaden für alle
Handlungen und Dialoge deines Films oder deiner Serie/
Sendung. Dabei müssen sämtliche Informationen zu-
sammengefasst werden. Das bedeutet: welches Setting
(drinnen oder draußen), Tag oder Nacht, Regen oder
Schnee, in einer Menschenmasse oder allein im Zimmer,
mit Schirm oder Hut – sämtliche Situationen müssen
dargestellt sein, Szene für Szene. Das Skript hilft dir zum
einen, nichts zu vergessen, und zum anderen, Punkt für
Punkt deinen Dreh zu strukturieren.

Am Ende kommt es darauf an, was du machen willst.

Drehst du einen Vlog, ein Gameplay, einen Film oder so wie ich die YouTube-News? Ich beschreibe es mal anhand meines **WUZZUP**-Formats. Wie beim Fußball, nach dem Spiel ist vor dem Spiel, so ist es bei meiner Sendung ebenfalls. Wenn ich am Montag meine Folge veröffentlicht habe, beginne ich bereits mit meiner Recherche für die nächste Folge. Dafür sammle ich in einem Dokument sämtliche Themen, die wichtig sein könnten. Am Montagvormittag, also vor dem Dreh meiner neuen Folge, checke ich noch

mal all meine Quellen nach möglichen brandaktuellen News. Anschließend lege ich einen roten Faden, der durch meine Sendung führt, zurecht und teile meine Sendung in besonders interessante und wichtige Punkte und Neben-Themen ein. Wie du weißt, gibt es Punkte, die

wichtiger sind als andere. Damit dein Video nicht langweilig wird, solltest du hier eine gute Mischung finden. Wie das funktioniert, bekommst du mit der Zeit selbst mit, denn du lernst ja, wie deine Community tickt.

Wie bei filmischen Drehbüchern, die Szene für Szene gegliedert werden, so strukturiere ich mein Skript Newsblock für Newsblock. Hier mal ein Beispiel für meine Gliederung des Videos „HandOfBlood und DagiBee GEMEINSAM gegen HASS! – Miguel Pablo und HeracAy BEEF! – WuzzUp!?":

1. ANMODERATION: Was geht ab, ihr Schnitten aus dem Internet, und willkommen zurück zu Wuzzup!

2. INTRO

3. THEMA 1: #NichtEgal-Kampagne gegen Hass. YouTube und Bundesministerium für Familie sowie YouTuber arbeiten zusammen gegen Hass im Internet. Es gibt kaum eine Woche, in der sich YouTuber nicht in die Haare kriegen. Früher war das anders.

4. **THEMA 2:** MIGUEL PABLO und HERACAY BEEF. Bei Fame hört die Freundschaft auf.

5. **YOUTUBES NEUER COMMUNITY TAB:** Texte, Bilder und Gifs können gesendet werden, um die Fans weiter zu informieren.

6. **KANAL DER WOCHE**

7. **ABMODERATION:** Peace and out

Na ja, der sechste Punkt fällt mir manchmal ein bisschen schwer, denn einen geeigneten Kanal der Woche zu finden, ist gar nicht so einfach. Nicht, weil es keine Kandidaten gibt, sondern weil es so viele gute Kanäle gibt. Deshalb frage ich oftmals meine Community über Facebook und Twitter, wen sie wählen würden.

Wenn ich dann meine Stichpunkte vor dem Dreh noch einmal durchgehe, schreibe ich mir bei manchen Themen den Ablauf Wort für Wort auf, um keine Infos zu vergessen. Dennoch spreche ich das meiste freiheraus, womit es sich gleich deutlich vom Geschriebenen abhebt. Das Wort-für-

Wort-Schreiben bringt dir aber auch den Vorteil, dass du Fehler vermeidest, die du im Worst Case erst beim Schnitt siehst – und wenn du Pech hast, sogar übersiehst.

Also, dein Drehbuch oder Skript ist dein geschriebener Plan, der dich durch die Sendung führt. Diesen Plan brauchst du unbedingt! Ebenfalls sehr nützlich für dich kann ein Storyboard sein.

WAS BRINGT MIR EIN STORYBOARD?

Ein Storyboard ist die Visualisierung, also die bildliche Darstellung deines Drehbuchs/Skripts, und wird in der Regel für Filmproduktionen, Reportagen, Dokumentationen, Image- und Werbefilme oder Konzepte verwendet. Die Disney-Studios gelten als Vorreiter und ihr Mitarbeiter Ted Sears als Erfinder des Storyboards. Schon in den 1930er-Jahren wurden Storyboards verwendet. Bei einem Story-board wird das Drehbuch in Bildern umgesetzt und mit Anweisungen für Kamera, Perspektive, Einstellung und kurzen textlichen Darstellungen der Schlüsselszenen ver-sehen. Besonders auffällig ist die Ähnlichkeit zwischen Storyboard und Comic, denn wie bei einem Comic werden Texte zum Teil in die Bilder eingebunden.

Alle sind auf den Trans-Am fixiert.

LazerDracula führt die Kasette in den Schlitz.

LAZERDRACULA

Ich nehme Wagner!

Rauschen. Dann spielt ein 8bit Thema ab. Die Titelmelodie der ULTRABLOODS.

Kosta liegt direkt vor dem Trans Am und hört die Musik. Blackframe.

A./I. 8BIT NES GAME - NACHT

Ein NES Spiel erscheint auf dem Bildschirm. Ein Pixelart Werwolf als Coverart und darüber der Titel.

ULTRABLOODS 2 THE ULTRAWOLF

PRESS START

Das Lied endet genau dann, als Start gedrückt wird.

FADE OUT.

INN. ARENA - NACHT

Schlagartig verwandelt Kosta sich in einen Werwolf und schleudert den Trans-Am weg, der sich auflöst und LazerDracula dahinter erscheint und etwas schlittert.

JOON

Was zum Teufel?

ULTRAWOLF

WOUUUUUUUUUUUUUU!!!!

Wie ein riesiger Gorilla galoppiert der Wolf auf LazerDracula zu.

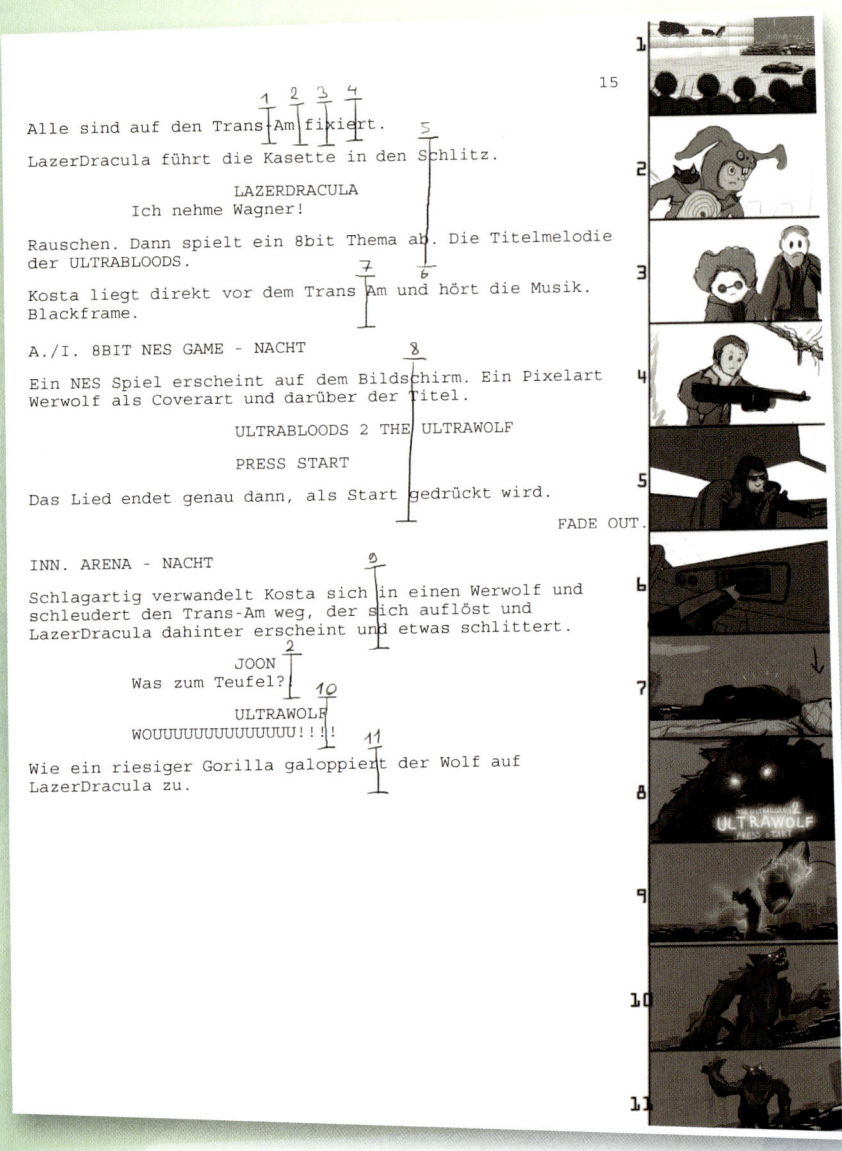

RetroGarde Storyboard by Alican Kuzu

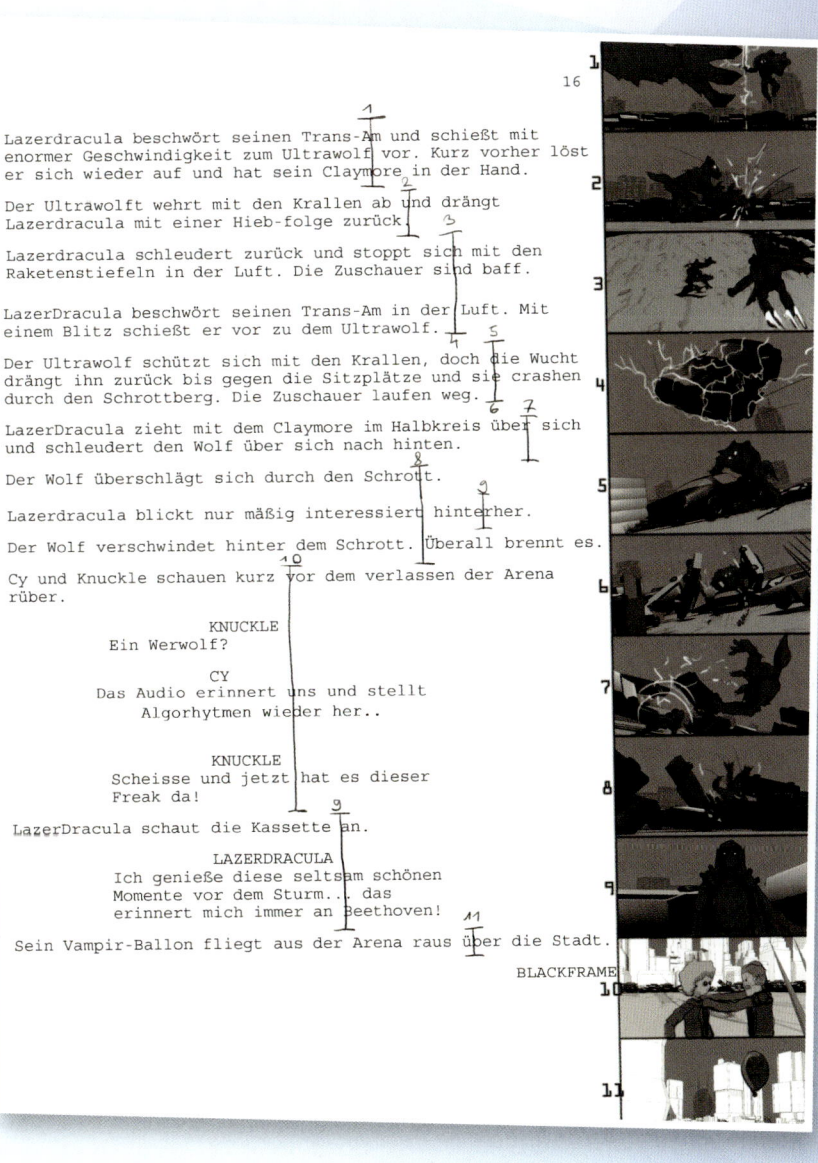

Lazerdracula beschwört seinen Trans-Am und schießt mit
enormer Geschwindigkeit zum Ultrawolf vor. Kurz vorher löst
er sich wieder auf und hat sein Claymore in der Hand.

Der Ultrawolft wehrt mit den Krallen ab und drängt
Lazerdracula mit einer Hieb-folge zurück.

Lazerdracula schleudert zurück und stoppt sich mit den
Raketenstiefeln in der Luft. Die Zuschauer sind baff.

LazerDracula beschwört seinen Trans-Am in der Luft. Mit
einem Blitz schießt er vor zu dem Ultrawolf.

Der Ultrawolf schützt sich mit den Krallen, doch die Wucht
drängt ihn zurück bis gegen die Sitzplätze und sie crashen
durch den Schrottberg. Die Zuschauer laufen weg.

LazerDracula zieht mit dem Claymore im Halbkreis über sich
und schleudert den Wolf über sich nach hinten.

Der Wolf überschlägt sich durch den Schrott.

Lazerdracula blickt nur mäßig interessiert hinterher.

Der Wolf verschwindet hinter dem Schrott. Überall brennt es.

Cy und Knuckle schauen kurz vor dem verlassen der Arena
rüber.

                    KNUCKLE
          Ein Werwolf?

                    CY
          Das Audio erinnert uns und stellt
               Algorhytmen wieder her..

                    KNUCKLE
          Scheisse und jetzt hat es dieser
          Freak da!

LazerDracula schaut die Kassette an.

                    LAZERDRACULA
          Ich genieße diese seltsam schönen
          Momente vor dem Sturm... das
          erinnert mich immer an Beethoven!

Sein Vampir-Ballon fliegt aus der Arena raus über die Stadt.

                                        BLACKFRAME

Nehmen wir als Beispiel die Web-Serie „**Retro-Garde**" und eines der dafür angefertigten Storyboards. Auf der rechten Seite sieht man elf Bilder. Wir befinden uns in einer Arena. Der erste Satz des Storyboards erklärt ganz gut, wie komplex das Ganze sein kann. Vier Bilder werden verwendet, um zu zeigen, dass alle Protagonisten auf den Trans Am (das ist ein Auto der 70er- und 80er-Jahre und der Titelheld der Serie *Knight Rider*, falls dir die noch was sagt) konzentriert sind. Anschließend folgen detaillierte Angaben, was im nächsten **Szenenabschnitt** passiert. Zwei Kameraeinstellungen werden benötigt. Der Charakter Lazerdracula spielt eine Kassette ab, die Titelmelodie der ULTRABLOODS erklingt.

Auch nutzt man das Storyboard, um die Perspektiven der Kamera festzulegen. Schauen wir uns Bild sieben an: Hier erkennt man, dass der Hauptfokus der Kamera auf dem Charakter Kostas liegt, das Bild aber zusätzlich noch die Informationen des Kamerawinkels und Hintergrundbildes beinhaltet.

So ein Storyboard zu zeichnen und mit den nötigen Anweisungen zu versehen, kostet natürlich Zeit und ist aufwendig. Aber den Vorteil, der sich daraus ergibt, ist es auf jeden Fall wert. Jeder am Set weiß genau, was er wann zu tun hat – Kameramann, Set-Designer und nicht zuletzt die Schauspieler. Es erleichtert dir die Arbeit ungemein, wenn du dir nicht alles im Kopf merken musst, sondern es auf Papier oder digital vorliegen hast.

Es ist nicht für jeden Dreh notwendig, so ein Storyboard zu erstellen. Es muss also kein Let's Player damit anfangen, sich für jede Folge ein Storyboard zu basteln, oder ein Beauty- und-Lifestyle-YouTuber visuell darstellen, wie sie oder er sich schminkt. Bei einem szenischen Projekt wie TubeClash oder auch Videos, wie sie JulienBam macht, kann es aber sinnvoll sein. Oder eben bei Projekten, bei denen der Produktionsaufwand schon sehr hoch ist und mehrere Personen daran beteiligt sind.

Wenn du mit YouTube beginnst, ist ein Storyboard wahrscheinlich noch nicht so wichtig für dich. Solltest du aber mit der Zeit ein erfolgreiches Format aufgebaut haben, kann ein Storyboard schon sehr hilfreich sein. Probiere es doch mal aus, gerade bei szenischen und großen Projekten wird es dir bestimmt den Dreh erleichtern.

KAMERA,
TON, LICHT & CO

Wenn du mit YouTube anfangen willst, brauchst du einige Dinge, die unerlässlich sind. Neben der **Kamera**, ohne die es gar nicht funktionieren würde, wären da noch **Speicherkarten** für die Cam, ein **PC** oder **Laptop** – wer hat, auch gern einen Mac – und zum

Schneiden deiner Videos ein **Schnittprogramm**. Mit diesen Basics kannst du eigentlich loslegen.

Wer keine spezielle Kamera hat, der kann für den Anfang auch mit der Webcam im Laptop arbeiten oder hat vielleicht eine Webcam für den PC. Meist haben Rechner und Laptops zum Teil auch vorinstallierte und abgespeckte Schnittprogramme, die du für deine ersten Gehversuche auf YouTube verwenden kannst. Aber um ehrlich zu sein, brauchst du, um richtig durchzustarten, schon ein bisschen mehr als das absolute Minimum an Equipment-Qualität. Die allerbeste Technik ist nicht immer ein Muss für ein gutes Video oder einen guten Film, dennoch solltest du eine Art **Starter-Kit** haben.

AlexiBexi, Phil und VeniCraft auf dem Weg zur Vidcon in L.A.

Welches **Equipment** du benötigst, hängt stark davon ab, was du genau auf YouTube erreichen willst. Da YouTube bei dir zunächst vermutlich erst einmal nur ein Hobby sein wird, solltest du genau schauen, wie viel Geld du investieren kannst. Viele machen den Fehler und denken, man müsse den teuersten und geilsten Stuff haben. Du kannst dir sicher sein, man wird nicht automatisch professioneller und seriöser, wenn man teures Equipment besitzt. Ich spreche da leider aus Erfahrung …

Mit 18 Jahren kaufte ich mir eine **Kamera** für 2.500 €, die ich dann in 36 Monatsraten abgezahlt hatte. Ziemlich bald musste ich jedoch feststellen, dass die Kamera zwar wirklich cool und groß aussah, für meinen Gebrauch aber total ungeeignet war. Das Problem war damals, dass mein Laptop keinen WiFi-Anschluss hatte, doch ohne den war die Kamera gar nicht zu gebrauchen.

Das nächste Ding: Die Kamera hat noch mit Kassette aufgenommen. Wer sich jetzt denkt: „Warum zur Hölle kaufst du dir eine Kamera, die auf Kassetten aufnimmt?", dem kann ich sagen: „Ja, du hast recht." Zu meiner Verteidigung, es war eine HD-Kassette, die 1080i recorded hat, was an sich dem technischen Standard entspricht. Trotzdem sah das Bild fürchterlich aus. Für alle, die nicht mehr wissen, was eine Kassette überhaupt ist – das waren die Dinger, die man in diese anderen Dinger geschoben hat, die sich Kassettenrekorder nannten und mit denen man versucht hat, seine Lieblingssongs übers Radio aufzunehmen. Um ganz ehrlich zu sein: Ich habe mich nicht richtig beraten lassen.

Back to topic. Du bist Gamer und willst Let's Plays drehen? Dann brauchst du ein Mikrofon, eine Webcam oder Kamera, ein Aufnahmeprogramm und natürlich das Game zum Zocken. Als Beauty-und-Lifestyle-YouTuber bringt dir ein Gamerset gar nichts. Worauf ich hinauswill, ist: Es hängt stark davon ab, was du auf YouTube machen möchtest, um zu entscheiden, welches Equipment für dich von Nutzen ist. Groß und teuer heißt nicht immer besser! Pass dein Equipment deinem Geldbeutel an. Wenn du aber geerbt, einen gut bezahlten Job oder reiche Eltern hast, dann hast du natürlich einen großen Vorteil. Am Ende fängt jeder mal klein an und steigert sein Equipment nach seinen Bedürfnissen. Wenn du in die **YouTube-Welt** reinschnuppern willst, ohne zu wissen, ob das was für dich ist, reicht günstiges Equipment voll und ganz.

**Schlüsseln wir aber mal
ein bisschen nach Typen auf.**

DER „ICH SCHAU MAL, OB DAS WAS FÜR MICH IST"-TYP:

Wenn du dir noch nicht sicher bist, ob YouTube überhaupt dein Ding ist, beginne am besten mit Equipment, das du dir von Freunden oder Bekannten leihen kannst. Du wirst relativ schnell merken, wenn du das erste Mal vor der Linse stehst und dann dein erstes eigenes Video betrachtest, ob es was für dich ist. Ich wusste schon, bevor ich die Kamera in der Hand hatte, dass es mir Spaß machen wird.

DER „YOUTUBE IST EIN COOLES HOBBY"-TYP:

Der Typ ist mir am liebsten, denn YouTube ist ein cooles Hobby! Das eigentliche Ziel sollte immer der Spaß am Videomachen sein und nicht, der nächste große Star zu werden. Erlebe und probiere verschiedene Sachen aus. Das Geldverdienen oder Starwerden kann später kommen. Sicher gibt es immer wieder Leute, die es ganz schnell schaffen und in kürzester Zeit zu großen Influencern werden, aber die sind die Ausnahme.

Doch wenn dir dein Hobby am Herzen liegt, solltest du es auch genau als das sehen: als Hobby. Ja, das kostet Geld. Für den Hobby-Filmemacher sollte es zu Anfang ein **Camcorder** oder eine **Spiegelreflexkamera** sein. Bei Letzterer kannst du zwischen einigen Hundert, aber auch schnell mal über ein paar Tausend Euro bezahlen. Das Gute bei der Spiegelreflex ist die Möglichkeit, auch noch geniale Fotos machen zu können, die du später als Thumbnail verwenden oder über deine Social-Media-Plattformen wie Instagram oder Twitter sharen kannst. Ansonsten brauchst du natürlich einen **Rechner** oder Mac, ein **Schnittprogramm** und ein **Mikrofon**.

DER „ICH WERDE YOUTUBE-STAR"- TYP:

Du hast Leidenschaft und dir ein genaues Ziel gesteckt: Ich werde YouTube-Star! Wenn du fleißig arbeitest, dir einen strikten Plan machst, nicht nur viele Ideen, sondern die **EINE IDEE** hast – dann leg los, werd groß! Mit viel Euphorie und Willen ist es dann aber doch nicht getan. Du brauchst auch Equipment, mit dem du Qualität abliefern kannst. Das muss auch gar nicht immer immens teuer sein. Lass dich deshalb am besten beraten, sonst kaufst du dir am Ende auch eine Kamera mit Kassette ☺.

Der Fachmarkt bietet sich hier natürlich an, doch du solltest zuerst einen Blick auf deine YouTube-Idole werfen. Viele erfolgreiche YouTuber haben ihr Equipment in der Videobeschreibung stehen. Dort kannst du dir erste Eindrücke holen. In einem späteren Kapitel sprechen wir Workshops an. Geh dorthin und hol dir die Infos über guten Scheiß, damit du der Star werden kannst, der du sein willst.

DER „ICH BIN PROFI IN SACHEN FILM UND VIDEO"-TYP:

Deine Skills in Sachen Film und Video sind bestimmt umfangreich und vermutlich kann ich dir nicht mehr so viel beibringen. Denn wahrscheinlicher ist, dass ich noch etwas von dir lerne.

Was ich hier beschrieben habe, sind wirklich die Grundlagen der Grundlagen. Für den krassen **Qualitäts-Shit** braucht ihr halt hochwertige Kameras und Equipment. Aber für den Start reicht alles oben Aufgezählte aus. Ich selbst hatte zu meiner Anfangszeit nicht viel mehr. Selbst ein Stativ hab ich mir erst 2015 zugelegt – und aus mir ist trotzdem was geworden.

Also, immer step by step und bitte nicht finanziell übernehmen. Das Schöne bei YouTube ist ja immer noch, dass es euch zu Beginn niemand übel nimmt, wenn die Ausrüstung nicht absolut perfekt ist. Das kommt schon mit der Zeit.

DER ZWEITE SCHRITT

Wer sich mit YouTube und dem Filmen von YouTube-Videos beschäftigt, wird von vielen Seiten hören: **Man braucht Softboxen.** Softboxen sind sogenannte Lichtwannen oder Schirme, die eine gleichmäßige Ausleuchtung eures Sets ermöglichen sollen. Ich hatte in der Tat bis heute noch nie eine eigene Softbox, obwohl es wohl ein Muss in unserer Branche ist. Das lag vermutlich daran, dass ich seit meinem ersten Netzwerkbeitritt immer ein kleines Studio zur Verfügung hatte, das in der Regel mit allem ausgestattet war. Bis auf meine eigenen Kameras – die hatte ich immer dabei.

Zu meinen Anfängen, als ich noch zu Hause Videos gemacht habe, konnte ich quasi nur bei Tageslicht drehen. Das heißt, wenn es draußen dunkel war oder im Winter schon zeitig die Sonne unterging, musste ich notgedrungen mit normalen Lampen nachhelfen. Das hat man leider auch immer gesehen. Damit es euch nicht genauso geht, hier ein paar Tipps, was absolut notwendig für ein gutes Video ist:

Wer ein gutes Bild haben will, braucht eine gute Kamera

Welche Kamera ist die richtige? Das hängt in der Tat davon ab, in welchem **Genre** du unterwegs bist bzw. welche Anforderungen du stellst. Es gibt gute Webcams, die bei einem

Let's Play vollkommen ausreichend sein können. Die wohl bekannteste Marke für Webcams ist *Logitech*, die auch regelmäßig in Tests als beste abschneidet. Da liegen die Preise meist unter 100 €.

World Wide Wohnzimmerdreh

Camcorder sind vor allem bei Außendrehs notwendig. Der eine sagt: Bah ... brauch ich nicht, ich hab ein Smartphone, das kann alles, was ein Camcorder auch kann. Ähm ... nein. Camcorder besitzen einen großen optischen Zoom, der in der Regel weit mehr als eine zehnfache Vergrößerung hat. Und ein optischer Zoom vergrößert ohne Qualitätsverlust – anders als beim digitalen Zoom eines Smartphones. Ein gutes und eins der preiswerteren Modelle ist zum Beispiel die *Sony HDR-PJ410*. Mit etwa 350 € bist du dabei. Wenn du die Möglichkeit hast und so eine Kamera als funktionsfähiges Gebrauchtgerät kaufen kannst, dann natürlich umso besser. Es muss nicht immer alles neu sein.

Point-and-Shoot-Kameras waren vor dem Smartphone-Hype und diesem technischen Fortschritt einfach notwendig. Point-and-Shoot-Kameras sind im Gegensatz zu einer DSLR (digitale Spiegelreflexkamera) nur digital und heutzutage kein absolutes Muss mehr für den Dreh. Wenn man unbedingt so ein Gerät nutzen möchte, sollte man schon etwas tiefer in die Tasche greifen. Für eine gute **Point-and-Shoot**, wie es die *Sony DSC-RX100* ist, zahlst du locker bis zu 500 €.

Über kurz oder lang wirst du um eine **Spiegelreflexkamera** nicht herumkommen. Du machst mit so einem Gerät auch nichts falsch. Im Gegenteil, sie bietet, wie schon zuvor angesprochen, sogar die Möglichkeit, klasse Bilder zu machen. Außerdem kannst du durch den Wechsel der verschiedenen **Objektive** einen großen Vorteil erzielen. Jedes Studio, welches YouTube-Videos produziert, hat so eine parat und nutzt diese auch. Ob das dann am Ende eine *Canon EOS 750D* für um die 600 € oder eine *Sony Alpha 77* für um die 1.000 € ist, liegt ganz bei dir. Welchen Hersteller man halt mag und wie groß dein Geldbeutel eben ist.

Wer ein gut beleuchtetes Video haben will, braucht viel Licht

Es gibt eine ganz besondere Regel in der Filmwelt: **Viel Licht, mehr Schärfe!** Das heißt, je besser dein Bildausschnitt ausgeleuchtet ist, desto besser wird die Schärfe des Bildes. Ich bin kein Profi auf dem Gebiet und war immer froh, wenn mir jemand das Licht eingestellt hat. Aber wenn ich nicht ganz falschliege, sorgt eben viel Licht dafür, dass die einzelnen Pixel des Bildes besser dargestellt werden und sich dadurch ein schärferes Bild ergibt. Richtig oder falsch? Schreib's mir in die Kommen… ach, gibt es ja nicht, ist ja schade ☺.

Um zum Punkt zu kommen: **Genau wie für alles andere kannst du auch für Licht ein Vermögen ausgeben.** Das ist aber gar nicht nötig. Bei Amazon gibt es Softboxen ab etwa 20 €, die für den Anfang absolut ausreichend sind. Doch nimm nicht gleich die allerbilligsten, denn bei denen kann es vorkommen, dass sie zunächst ganz schön nach Chemie riechen. Muss ja nicht sein, dass du dir gleich irgendwas Schlechtes ins Haus holst.

Wer guten Ton haben will, braucht ein gutes Mikrofon

Ob du ein Mikrofon verwenden kannst, hängt erst einmal von deiner Kamera ab. Bevor du also Geld für ein Mikro ausgibst, geh sicher, dass deine Cam überhaupt ready dafür ist.

Auch der Anschluss an sich ist wichtig, denn dort gibt es ebenfalls Unterschiede. Bei der Art des Mikrofons kommt es wieder darauf an, welches Genre du bedienst. Ein **Ansteck-mikro** wirkt zwar sehr professionell, doch das kann im falschen Format eher befremdlich und unreal wirken.

BEISPIEL: DU MACHST EIN „REAL TALK"-VIDEO UND DURCH ZUFALL SIEHT MAN DAS ANGESTECKTE MIKROFON. DAS LÄSST AM ENDE DEN „REAL TALK" ZUM „UNREAL TALK" WERDEN. ECHT UNCOOL.

Wenn du aber eine News-Sendung machst – so wie ich –, dann passt es wieder. Für Interviews ist so ein Mik eben-falls perfekt. Ja, die Dinger sind aber auch ganz schön teuer (500 € plus), vor allem, wenn noch eine **Funk-strecke,** also eine drahtlose Sende- und Empfangseinheit, dabei ist. Zu den beliebtesten Mikros gehören die **Kamera-montage-Mikrofone**. Die *Rode VideoMic Rycote*-Geräte sieht man bei sehr vielen YouTubern und die sind preislich auch schon für weniger als 100 € zu haben.

Wer einen guten Schnitt haben will, braucht ein gutes Schnittprogramm

Wer mit YouTube beginnt und einen **Windows-Rechner** besitzt, kann mit dem vorinstallierten *Movie Maker* starten. Später wirst du dich wahrscheinlich für ein kostenpflichtiges Programm entscheiden, weil diese viel umfangreichere Features haben. Das wohl bekannteste ist *Adobe Premiere Pro*. Die Komplexität des Programms macht es zu einem sehr beliebten Tool für YouTuber. *Adobe* bietet es als Abo-Modell über die *Creative Cloud* an. Für um die 60 € im Monat hast du so neben *Premiere* auch *Photoshop*, *After Effects* und einige andere nützliche Programme. Das ist zwar nicht gerade preiswert, aber es lohnt sich. Besitzer eines **Macs** können getrost auf *Final Cut Pro* zurückgreifen. Es ist eine gute Alternative zu *Premiere Pro*, kostet aber ebenfalls Geld. Sind deine Ansprüche nicht allzu hoch, kannst du auch ein Programm aus dem mittleren Bereich wählen. *Magix Video Deluxe* ist prima verständlich und preiswert – mit allen wichtigen Features.

Wer Special Effects haben will, braucht einen Greenscreen

Wer mich schon seit meinen Anfängen verfolgt, weiß, dass meine ersten **WUZZUP**-Folgen noch vor einem Greenscreen gedreht wurden. Um ehrlich zu sein: Das sah furchtbar aus. Zum einen lag es daran, dass meine Beleuchtung miserabel und meine Kamera nicht das Nonplusultra war. Meine **Flipcam** war einfach nicht dafür geeignet, doch in der damaligen Vlogging-Szene total beliebt.

Vor allem Let's Player greifen auf einen Greenscreen zurück, um möglichst wenig vom Spiel zu verdecken, wenn sie sich per **Facecam** einblenden wollen. Ohne zu sehr ins Detail gehen zu wollen, aber es gibt natürlich verschiedene Arten von **Greenscreens**. Grün und Blau sind die gängigsten Farben und von der Größe her ist sowieso alles möglich. Ganz wichtig bei solch einem Hintergrund: Die Beleuchtung muss stimmen, um ein perfektes **Herauskeyen** (farbbasiertes Freistellen des Bildes) zu ermöglichen.

RetroGarde Set
by Alican Kuzu

KLEINER FAKT AM RANDE:
ES LÄSST SICH JEDE FARBE
KEYEN, DENNOCH WERDEN IN
DER REGEL GRÜN UND BLAU
VERWENDET, WEIL BEIDE
KEINE NATÜRLICHEN FARBEN
AM MENSCHLICHEN KÖRPER
SIND UND SICH PRIMA VOM
HAUTTON ABHEBEN.

Ob nun **Blue- oder Greenscreen**, bleibt jedem selbst überlassen. Dadurch, dass bei neueren Videokameras die Pixel-Zusammensetzung oftmals aus einem roten, einem blauen und zwei grünen Pixeln besteht, wird der Greenscreen meist bevorzugt. Und bei zwei grünen Pixeln kann ein Programm wie zum Beispiel *After Effects* mehr **herauskeyen**.

DAS RICHTIGE EQUIPMENT FÜR DEINE VIDEOS

Das richtige Equipment für seine Videoproduktion zu haben, ist natürlich superwichtig. Ich kann leider nicht jedes Genre ansprechen, doch am Ende findest du step by step bestimmt das richtige Setting für dich.

Let's Plays

Let's Plays gehören zu YouTube wie Katzenvideos. Ich glaube, man kommt beim Stöbern auf unserer Plattform eigentlich nicht mehr drum herum, irgendwann mal bei **Dner**, **ConCrafter**, **Rewi**, den **Piets** oder **Gronkh** zu landen. Und ihr Erfolg führt dazu, dass Tausende junge Creator mit dem Videodreh im Gaming-Bereich beginnen.

Jeder, der schon mal am PC gezockt hat, weiß, dass ein Game viel Rechenleistung fordert. Wenn du in diesem Bereich anfangen möchtest, brauchst du auf jeden Fall einen leistungsstarken Rechner, der dein Spiel möglichst flüssig wiedergeben kann. Niemand möchte ein ruckelndes Gameplay sehen. Da du das Spiel nebenbei auch aufzeichnest, wird deinem PC zusätzlich viel abverlangt. Deshalb ist ein **Mittelklasse-Computer** Pflicht. Denke auch daran, dass du eine recht große interne oder externe Festplatte benötigst, denn Aufnahmen verbrauchen jede Menge Speicherplatz.

Noch ein kleiner Hinweis: **Natürlich kann man auch mit dem Mac arbeiten.** Weil die meisten Games aber überwiegend auf Windows-PCs laufen und nicht auf iOS, macht es am meisten Sinn, am PC zu arbeiten. Wenn du dich dazu entschließt, über die Konsole aufzunehmen, ist auch das heutzutage kein Problem mehr. Dazu brauchst du eine *Game Capture Box*. Immer mehr Firmen bieten schon **Boxen** mit umfangreichem Aufnahmeprogramm an, über das sich sowohl Ton als auch Facecam genau steuern lassen. Wenn du die *Playstation* oder *Xbox One* nutzt, kannst du sogar die jeweiligen Kameras als Facecam verwenden. Die mitgebrachte Technik der *Game Capture* eröffnet jedoch oftmals bessere Möglichkeiten. Eine der bekanntesten *Game Captures* ist wohl die *Elgato Game Capture HD*. Mit gut 150 € bist du dabei.

Was beim PC dann noch fehlt, ist ein Programm zum Aufnehmen. Hier gibt es verschiedene kostenfreie und kostenpflichtige Varianten. Zu den angenehmsten kosten-losen Programmen zählt wohl der *LoiLo Game Recorder*. Er ist zuverlässig und kann an deine Hardware optimal und individuell angepasst werden. *Action!* von *Mirillis* gehört zu den besten Aufnahmeprogrammen für den PC. Der Vorteil bei diesem Programm ist die zusätzliche **Streaming-Funktion** für Twitch, YouTube und Hitbox. Du kannst sogar Videos direkt auf YouTube oder Facebook uploaden. Und mit ca. 20 bis 25 € ist es gar nicht mal teuer.

Es stellt sich dann nur noch die Frage: **Mit oder ohne Facecam?** Hier ein ganz klares **Ja** zur Facecam – außer du heißt Manuel und bist auf YouTube als **GLP** bekannt ...

Wie schon erwähnt, benutzen einige Gamer auch einen Greenscreen, um die Facecam besser dem Spiel anzupassen. Dazu benötigst du dann aber viel und optimales Licht, um das perfekte Bild für deine Zuschauer zu erstellen. Nun musst du dir noch eine Kamera aussuchen. Ob jetzt **Webcam** oder richtige Kamera, liegt ganz bei dir. Wichtig ist für die Let's Plays nur, dass du die Kamera direkt mit dem PC verbinden kannst. Sicherlich kann man die Aufnahme auch im Nachhinein ins Game einfügen, das macht aber natürlich viel mehr Arbeit, als Bild und Ton in einem Rutsch aufzunehmen.

Ebenfalls wichtig ist die Wahl des richtigen **Mikrofons**. Entweder nimmst du ein **Headset** (da gibt es Hunderte zur Auswahl) oder ein Mikrofon, welches du direkt an den Rechner anschließt und steuern kannst. Profis verwenden Mikros, die sie an ein Mischpult anschließen können, über die dann verschiedene Tonspuren laufen.

Was fehlt noch? Wer nicht nur Start und Stopp bei einer Aufnahme drücken, sondern seinen Gameplays eine eigene Note geben will, benötigt auf jeden Fall ein Schnittprogramm. **NebelNiek** gehört da ganz klar zu meinen Favoriten, denn wie krass und umfangreich er seine Videos schneidet, habe ich vorher noch bei keinem anderen Gamer gesehen. Natürlich musst du ihn nicht nachmachen, nur eben deinen eigenen Style finden.

Was braucht man zum Starten?

Minimale Ausstattung:
* Mittelklasse-PC
* 500-GB-Festplatte
* Headset
* Aufnahmeprogramm
* Schnittprogramm

Optimale Ausstattung:
* High-End-PC
* 5 TB externe Festplatte
* Professionelles Aufnahmemikrofon
  mit Mischpult
* Aufnahmeprogramm
* Schnittprogramm
* Licht (Softboxen oder anderes Videolicht)
* Greenscreen (kein Muss)

Vlogger

Wenn von Vloggern gesprochen wird, muss ich immer an diejenigen denken, die ihr ganzes Leben auf Reisen sind und alles filmen, was sie den ganzen Tag so treiben. Eben „**Follow Me Around**"-**Vlogger** (FMA). Doch jeder kann auf seinem Channel vloggen. Ob du nun bei dir zu Hause sitzt und deinen Zuschauern etwas über dein Leben erzählst oder sie mit zu einem Event nimmst – das alles sind Vlogs. Als Kurzform von Videoblog ist der Ursprung ja ziemlich klar. Inzwischen scheint es aber so, als ob diese ursprüngliche Version mehr und mehr abgelöst wird. Doch welche Ausrüstung benötigt man als Vlogger?

Seit **Casey Neistat** ist es scheinbar Trend geworden, ein riesiges Set-up und ein Dutzend Leute beim Vloggen dabeizuhaben. Das kostet Unmengen an Geld und Ressourcen und so ein Set kann auch mehrere Kilos wiegen, von den Leuten mal ganz abgesehen ☺. Zum Vloggen brauchst du eigentlich nicht viel, doch immer mehr Creator legen Wert darauf, nicht nur **Tagebucheinträge** zu erstellen, sondern richtige kleine Kunstwerke.

Lange war es angesagt, eine kleine **Point-and-Shoot-Kamera** bei sich zu tragen, die nicht viel Platz wegnimmt und die man schnell aus der Tasche ziehen kann. Wenn man unterwegs ist, reicht so eine Kamera im Grunde aus. Wichtig ist hier, dass man immer für genügend Akkus sorgt. Ich für meinen Teil habe immer mindestens drei Zusatzakkus für jede meiner Kameras dabei. Welche Kamera die beste ist, muss jeder für sich selbst entscheiden. Ganz klar haben für mich *Canon* und *Sony* die Nase vorn. Mit der *Canon Legria*, die wahrscheinlich fast jeder bekannte YouTuber in seinem

Repertoire hat, haben die Japaner die **Vlogging-Szene** so richtig aufgemischt. Als reine Videodrehkamera ist ihr Markenzeichen der Super-Weitwinkel von 170° und dank integriertem Bildstabilisator lässt sich damit locker aus der Hand filmen. Wer es künstlerischer mag, der sollte auf eine *EOS 700* zurückgreifen. Ja, und andere schwören auf die *Sony DSC-RX100 II* – nur um mal eine weitere zu nennen. Ich benutze tatsächlich seit Jahren *Canon*-Produkte und bin damit immer ganz gut gefahren.

Wie bei **Casey Neistat** ist es sinnvoll, mehr als eine Kamera mitzunehmen. Ich persönlich habe immer eine **Spiegelreflex**, eine **Point-and-Shoot** sowie eine *Legria* mit dabei, weil ich den **Mix** aus verschiedenen Kameras wirklich prima finde. Ach, und vergiss deine **Handycam** nicht, die kann man auch mal nutzen. Achte aber darauf, dass die aufgenommenen Bilder auch zueinanderpassen, denn jede Cam macht unterschiedliche Bilder – auch in Sachen Qualität.

Ja, und dann gibt es da noch die Drohnen bzw. **Multi-** oder **Quadrocopter**. Mit denen kann man grandiose Luftaufnahmen machen und definitiv viel Spaß haben. Die *DJI Phantom 4* ist eines der meistgehypten Modelle, und wer einen detaillierten Review sehen möchte, sollte bei **Felixba** vorbeischauen.

Momentan sind sie aber noch teure Spielerei, mit der man nicht überall fliegen kann. Denn gerade in Deutschland unterliegen Drohnen strikten Gesetzen und Richtlinien. Man braucht zwar keine Flugerlaubnis, jedoch eine erweiterte Haftpflichtversicherung.

Also, für zu Hause kann es eine **Spiegelreflexkamera** sein. Für unterwegs nimm einen **Camcorder** oder eine **Point-and-Shoot-Cam**. Je nach Setting brauchst du auch wieder ein **Mikrofon** – deine Zuschauer werden es dir danken.

Doch auch das Licht sollte bei einem Vlog nicht fehlen. Wenn du zu Hause filmst, sind **Softboxen** ein Muss, um dein Bild auszuleuchten. Solltest du aber unterwegs sein, kann Licht zu einem Problem werden. Entweder dir reicht das Tageslicht aus oder du besorgst dir ein batteriebetriebenes Licht für die Kamera oder ein externes **LED-Licht**. Es kommt natürlich darauf an, wie dein Video am Ende aussehen soll.

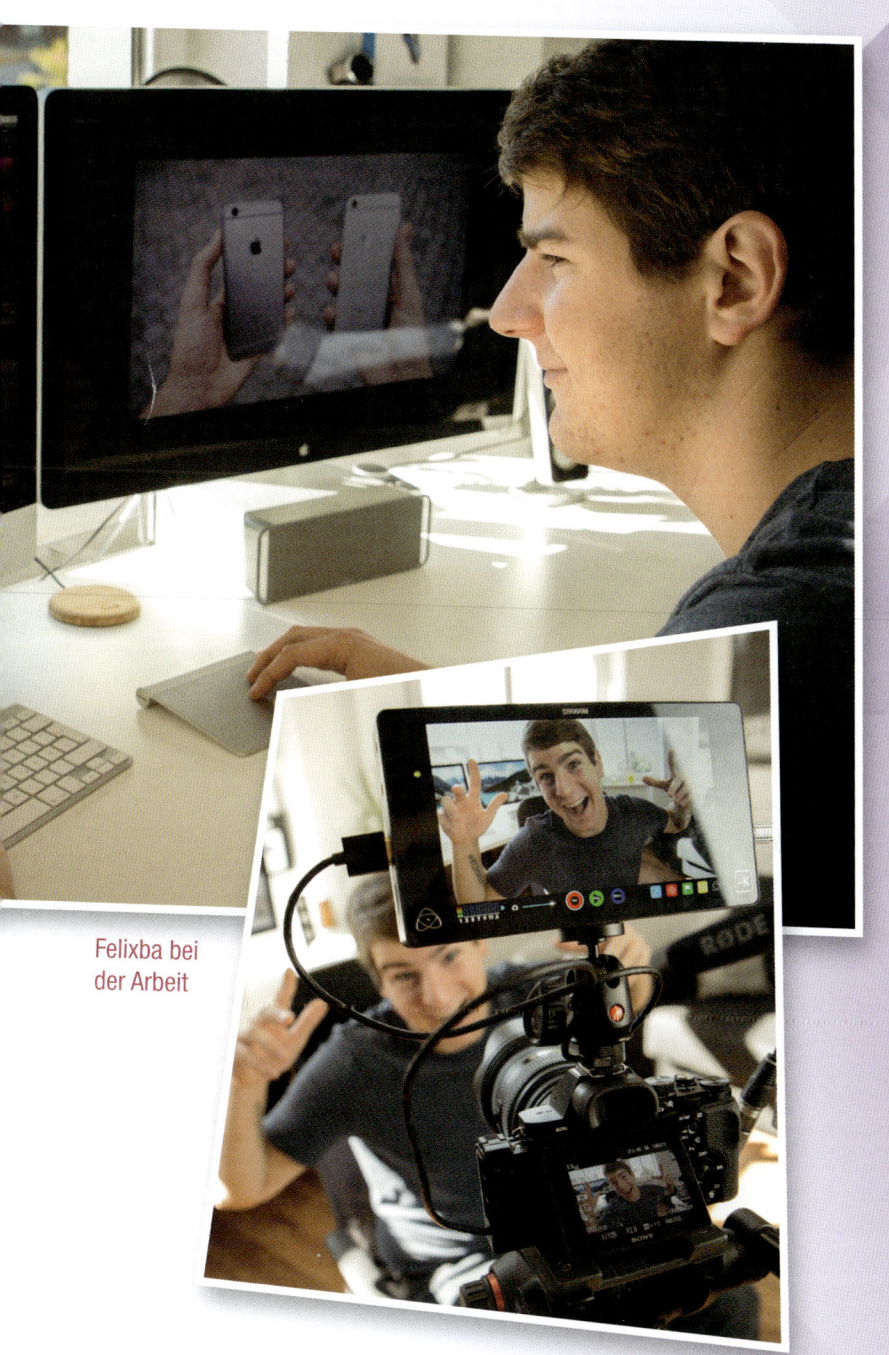

Felixba bei
der Arbeit

Was brauchst du also zum Vloggen?

Minimale Ausstattung:
* Handy mit Videofunktion
* Computer, Laptop oder MacBook
* Schnittprogramm

Optimal für Einsteiger:
Für Home-Vlogger:
* Computer, Laptop oder MacBook
* Schnittprogramm
* Spiegelreflex oder Camcorder
* Wechselakkus
* Speicherkarten
* Richtmikrofon/Kameramikrofon
* Softboxen oder LED-Beleuchtung

Standard FMA-Vlogger:
* Computer, Laptop oder MacBook
* Schnittprogramm
* Spiegelreflex, Camcorder und/oder
   Point-and-Shoot-Kamera
* Genügend Wechselakkus
* Speicherkarten
* Richtmikrofon/Kameramikrofon
* Windschutz für Mikrofon

Kunstvlogger:

Hier ist von Vorteil, mehrere Kameras dabeizuhaben:

* Computer, Laptop oder MacBook
* Schnittprogramm
* Spiegelreflex
* Wechselobjektive
* Point-and-Shoot-Kamera
* Kamera für Meeres- oder Poolaufnahmen
* Genügend Akkus
* Speicherkarten
* Richtmikrofon
* Windschutz für Mikrofon
* Drohne/Mulitcopter
* Stativ (z. B. *Gorilla Pod*)

Beauty und Lifestyle

Ich muss zugeben, dass ich wahrscheinlich nicht der erste Ansprechpartner bin, wenn es um Beauty-Videos geht. Aber ich habe in meinem Leben schon eine Menge Videos von **Sami Slimani**, **Dagi Bee** und **Bibi** gesehen und kann dir zumindest ein bisschen was mit auf den Weg geben.

Um in dieser Szene zu überzeugen, sind eine gute Kamera und sehr gutes Licht absolut notwendig. Ein reichlich ausgeleuchtetes Set ist wichtig, um Make-up richtig zur Geltung bringen zu können. Hier hast du verschiedene Möglichkeiten. Gerade bei Make-up-Tutorials bieten sich ein **Rundlicht** oder auch **LED-Leuchten** an. Für **Aufgebraucht**-Videos reichen auch die üblichen **Softboxen** aus. Bei einem Lookbook kommt es auf das Setting an. Wenn du draußen bist und das Tageslicht nutzen kannst, können geniale Bilder entstehen. Sollte es Probleme mit dem Licht geben, sind **tragbare Leuchten** erforderlich. Bei einem Lookbook-Dreh zu Hause solltest du auch hier alles nach deinen Bedürfnissen einrichten.

Vermutlich benutzen die meisten Beauty-YouTuberinnen eine **Spiegelreflexkamera**, um Produkte zu präsentieren. Der Vorteil ist, dass man die Objektive wechseln kann. Aber aller Anfang ist schwer. Sogar Sami Slimani hat als **Herr-Tutorial** mit einem alten MacBook zu drehen begonnen. Nicht nur, dass man das Brummen des Gerätes die ganze Zeit in seinen Videos gehört hat, auch die integrierte Cam war mehr als mangelhaft. Doch für die damalige Zeit absolut ausreichend. Heute solltest du als Beauty-und-Lifestyle-YouTuber einen gewissen Standard aber nicht mehr unterschreiten. Das will leider keiner mehr sehen und dafür ist die Konkurrenz auch zu groß. Neben dem Bild spielt auch hier der Ton eine Rolle. Ähnlich wie bei den anderen Beispielen ist mein Rat auch hier: **Lass dich im Vorfeld beraten.**

Was braucht man also?

Minimale Ausstattung:

* Computer, Laptop oder MacBook
* Schnittprogramm
* Webcam

Optimale Ausstattung:

* Computer, Laptop oder MacBook
* Schnittprogramm
* Spiegelreflexkamera
* Wechselobjektive
* Richtmikrofon (Rode Mic), Ansteckmikrofon
* Softboxen, LED-Leuchte, Rundleuchte

Prankster

Prankster, die Tauben (der Vogel ist gemeint) der YouTube-Welt, wie ich sie gern nenne. Ich muss zugeben, ich kann mit diesem Videogenre herzlich wenig anfangen. Fremden Leuten auf den Sack gehen, um andere Leute zu belustigen, geht für meinen Geschmack gar nicht.

Auch wenn sie im Nachhinein als Fake oder **Social Experiment** geoutet werden, macht es diese Videos nicht besser – eher noch schlimmer und grenzwertiger. Oftmals werden die Zuschauer nicht darüber aufgeklärt, sondern bewusst im Glauben gelassen, alles wäre echt. Selbst im Fernsehen werden Sendungen gekennzeichnet, die vorgeben, echt zu sein, es aber tatsächlich nicht sind. So eine Kennzeichnung bei Prankstern wäre aber auch nachteilig für ihr Geschäft, denn niemand würde sich so etwas noch anschauen. Aber ich schweife ab …

Welche Technik benötigt man also? Eine **Kamera** mit guter **Zoom-Funktion** und ein **Mikrofon**. Doch auch hier gibt es einige Unterschiede. Bei einem Prank in der Öffentlichkeit machen Camcorder oft den meisten Sinn, weil sie in der Regel einen ganz ordentlichen Zoom haben und sich der Kameramann relativ weit vom Schauplatz auf die Lauer legen kann, um alles heimlich zu filmen. Viele Prankster nutzen **Ansteckmikrofone**. Wer sich die leisten kann, sollte sie auf jeden Fall nutzen. Gerade um Ton extern aufzunehmen, bieten sich diese Dinger an. Aber auch das **Smartphone** als externes Aufnahmegerät wird von vielen genutzt oder die *Canon Legria*, deren Tonqualität ist wirklich echt gut. Wichtig bei Pranks ist es, alles möglichst versteckt aufzuzeichnen und nicht allzu auffälliges Equipment zu verwenden.

Zur Ausstattung sollte Folgendes gehören:

Minimale Ausstattung:

* Computer, Laptop oder MacBook
* Schnittprogramm
* Handy mit Kamerafunktion
* Handy mit Voice-Aufnahmefunktion

Optimal:

* Computer, Laptop oder MacBook
* Schnittprogramm
* Camcorder, Point-and-Shoot- oder
  Spiegelreflexkamera mit hohem Zoom
* Ansteckmikrofone und zusätzlich ein
  Handy mit Voice-Aufnahmefunktion
  (zur Sicherheit)

DIE RICHTIGE LOCATION FINDEN

Neben dem Equipment ist die Umgebung, in der du drehst, ganz entscheidend für ein gutes Video. Das ist aber gar nicht so einfach, wie es zunächst scheint. Ob zu Hause, in einem Studio oder in einer Außen-Location – jeder Ort muss passend für deine Bedürfnisse eingerichtet sein. Da wahrscheinlich die meisten von euch zu Hause drehen, fangen wir doch damit an. Natürlich kann jeder sein Setting einrichten, wie er oder sie es möchte, ein paar Dinge solltest du aber auf alle Fälle beachten.

DRINNEN

Zunächst beginnen viele in ihren Zimmern oder in ihrer Wohnung und richten sich dort eine Ecke ein, in der sie ihre Videos produzieren. Wenn du aus deinem Zimmer oder deiner Wohnung vloggst, würde ich dir empfehlen, es vorher aufzuräumen. Das klingt vielleicht ein bisschen wie Mama und Papa („Räum dein Zimmer auf, mein Kind!"), aber es sieht einfach schöner aus. Hier hängt es natürlich auch wieder davon ab, in welchem Genre du zu Hause bist und welche Art von Video du überhaupt drehen möchtest.

Nehmen wir an, du bist Beauty-YouTuberin und stehst vor der Entscheidung: Welchen Hintergrund soll ich meinen Videos geben? Die erste Inspiration solltest du dir auf jeden Fall schon einmal auf YouTube holen. Wie man bei vielen aus diesem Bereich sieht, ob nun Bibi, Dagi Bee, Diana zur Löwen, Julia Beautx oder Kisu, lässt sich dort meist ein Regal, ein Schminktisch und ein Side- oder Highboard finden. Auch das Bett wird häufig als Drehort verwendet. Oftmals sind die Farben pastellig oder weiß, was zur Ruhe im Bild beitragen soll und das Auge nicht vom eigentlich Wichtigen ablenkt. Aber warum? Gerade bei Schminkvideos liegt der Fokus auf dem Gesicht der You-Tuberin. Grelle Farben im Hintergrund würden hier nur den Aufbau des Bildes stören und Unruhe erzeugen. Zusätzlich verwenden die YouTuberinnen ausreichend Licht, um zu verhindern, dass Schatten sie nerven. Stell dir vor, du willst zeigen, wie man Augenringe wegschminkt, und dein Licht ist so eingestellt, dass es immer unter den Augen Schatten wirft. Wäre doch echt blöd.

GANZ WICHTIG: DU MUSST DICH IN DER UMGEBUNG WOHLFÜHLEN, DENN DAS MERKEN DEINE ZUSCHAUER.

Anders ist es bei den Gamern. Hier kommt es darauf an, ob du mit oder ohne Facecam arbeitest. Das Beispiel hatten wir ja schon, GLP braucht keinen Hintergrund, Gronkh eigentlich auch nicht. Anders sieht es bei den meisten anderen aus. Bei den Jungs und wenigen Mädels

liegt der Fokus auf dem Gesicht, weil die Mehrzahl der Let's Plays Commentaries, also Kommentare zum Spiel sind. Schauen wir uns dazu Herr Bergmann an: In seinen Videos sieht man häufig ein Regal, gefüllt mit seinem wirklich geilen Stuff wie dem *Star Wars X-Fighter*, dem *TIE Fighter* und auch dem *DeLorean* aus *Zurück in die Zukunft*. Aber warum das Ganze? Der Ort, an dem du drehst, spiegelt immer ein bisschen deine Persönlichkeit wider, und es ist vielen bekannt, dass Bergi großer Fan von *Star Wars* und *Back to the Future* ist. Was ebenfalls bei so gut wie allen Gamern auffällt, ist die Technik: **Headset**, meist ein **Mikrofon** und der ergonomisch geformte **Stuhl**. Doch das war es auch schon. Denn der Ausschnitt der Facecam nimmt nur einen winzigen Teil des Bildes ein.

Anders ist es bei einem Format wie **WUZZUP**. Gerade in der Zeit, als ich noch mein Studio hatte, habe ich vor allem mit vielen Farben für meinen Hintergrund gearbeitet.

Genauso wie die **YouTube-News**, die schon echt crazy sein können, sollte auch mein Hintergrund verrückt sein. Und die bunten Farben sind mein Wiedererkennungsmerkmal. Nach meinem Ende bei *Endemol Beyond* begann ich, wieder zu Hause zu drehen – und das vor einer weißen Wand.

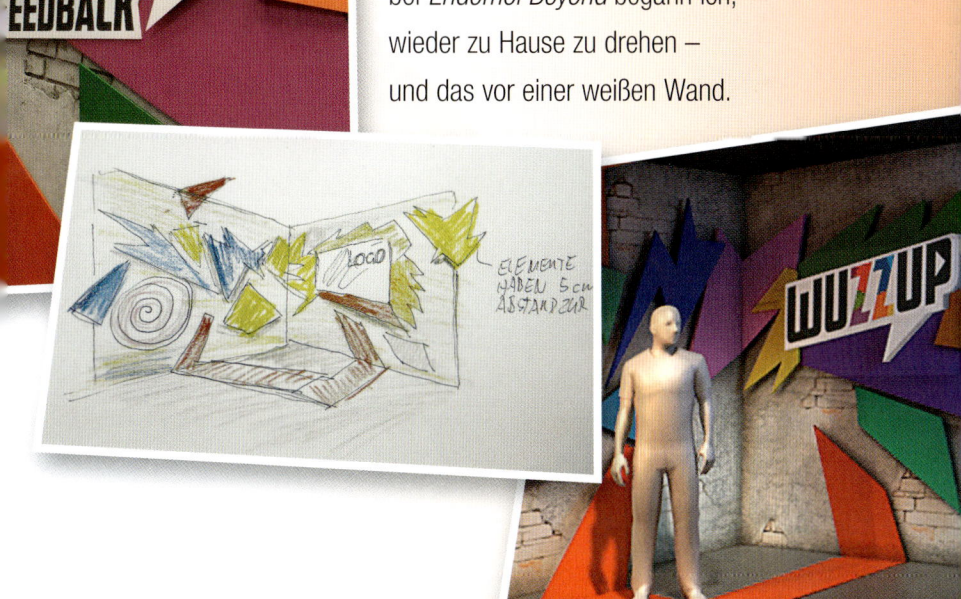

Phil am Set von *House of Cards*

Wie die meisten bemerkt haben, war ich damit selbst nicht zufrieden. Erst mit dem Aufruf, dass ihr mir doch bitte selbst gemalte Bilder schicken sollt, die ich im Hintergrund aufhängen kann, kam wieder Farbe in mein Set. Dadurch finde ich den Hintergrund jetzt auch viel gemütlicher und kann mich wieder richtig wohlfühlen. Also, wichtig ist: **Stimme deinen Hintergrund auf deine Formate ab.** Bring einen **Wiedererkennungswert** ein und versuche, nicht etwas auf Krampf zu machen, sondern richte dir einen Wohlfühlbereich ein. Immerhin soll YouTube ein Hobby sein.

DRAUSSEN

Ein Außendreh ist in der Regel wesentlich aufwendiger, als zu Hause zu filmen. Das beginnt schon dabei, den richtigen Drehort zu finden. Wenn du nicht gerade ein großes Budget hast, um eventuell einen **Location-Scout** zu engagieren, bleibt dir nichts anderes übrig, als allein rauszugehen und dich selbst umzuschauen. Bei den meisten Dingen, die du

Phil in Afrika

umsetzen willst, geht das relativ fix. Wenn du aber einen Kurzfilm, eine Serie oder etwas Aufwendiges kreieren möchtest, gibt es einige Punkte, die du dabei beachten solltest. Ich versuche, das mal ein bisschen allgemein zu halten und nicht zu sehr abzuschweifen – aber keine Versprechen ☺.

Nehmen wir an, du planst einen Kurzfilm, für den du draußen drehen musst. Die Szenerie findet in Berlin statt und du gehst auf Erkundungstour. Du hast eine Kulisse gefunden, die optisch zu deinem Film passt – dann fang an zu fotografieren. Am besten bei Tag, so kannst du direkt einen Eindruck von Lichtrichtung und Schatten bekommen. Zeitgleich solltest du dich umsehen, welche anderen Lichter vorhanden sind: Laternen, Straßenbeleuchtung und so was. Können die vielleicht sogar nützlich sein?

Ein unterschätztes Problem sind mögliche Störgeräusche, die durch Verkehr, Flughäfen oder Bahnanlagen entstehen können. Wenn du zum Beispiel in der Nähe einer Bahnanlage drehst, solltest du vielleicht wissen, wann die Bahn da vorbeikommt und wie oft. Nicht, dass du gerade in der entscheidenden Szene bist und ein Zug donnert vorbei. Verkehr kann man oft nicht vermeiden, aber auch hier kann man schauen, wann am Tag er stärker ist.

Und immer dran denken: **Checke den Wetterbericht.** Jede Witterungsbedingung bringt andere mögliche Probleme mit sich. Bei Regen, knalliger Sonne oder auch Nebel musst du deinen Drehplan zum Teil komplett umwerfen. Gerade bei niedrigen Temperaturen kann es passieren, dass dein Equipment relativ schnell schlappmacht.

So, jetzt musst du dich noch darum kümmern, welches **Equipment** du für den Dreh eigentlich benötigst. Kommst du nicht ohne eine Stromquelle aus, wie einen Generator für Licht, oder reichen dir batteriebetriebene Leuchten? Stört der Lärm des Generators vielleicht bei den Tonaufnahmen? Kannst du mit der Kamera überhaupt alle nötigen Shoots machen? Welches Equipment oder zusätzliche Requisiten musst du haben? Muss eine Maske gemacht werden und wenn ja, wo? Brauchst du einen Rückzugsort für deine Darsteller? Wenn dein Dreh mehrere Stunden dauert, benötigst du definitiv ein Catering … na ja, ein

Paar Snacks und Getränke halt. Und auch ganz wichtig: Gibt es vielleicht Gefahren, auf die du achten musst? Zum Beispiel an einer Bahnanlage ist der Dreh nicht ganz ungefährlich.

Das sind eine ganze Menge Dinge, auf die du achtgeben solltest. Deshalb empfehle ich dir, vor dem Dreh eine Checkliste mit allen nötigen Punkten und Eventualitäten anzulegen. Eine Sache, die du auf gar keinen Fall vergessen darfst, sind **Genehmigungen** und **Gebühren**. Ja, da gibt es rechtliche Bestimmungen, die man unbedingt beachten muss.

DREHGENEHMIGUNGEN UND GEBÜHREN

Im Sommer 2015 hatte ich ein Video mit **Unge** und **Raul Krauthausen** gedreht. Dabei ging es um Behinderung und die Worte „Das ist voll behindert!" in der Jugendsprache.

Langer Rede kurzer Sinn: Wir befanden uns auf dem Gelände der Fernsehwerft, weil der Blick auf die Oberbaumbrücke und die Molekül-Männer symbolisch für Berlin ist und somit eine perfekte Kulisse für unser Video. Dadurch kam ich zu dem Vergnügen, eine Drehgenehmigung organisieren zu müssen. Im Grunde ist das eine Erlaubnis des Eigentümers, auf seinem Grund und Boden Filmaufnahmen machen zu dürfen.

Zuallererst gilt: An allen öffentlichen Orten, die für jeden zugänglich sind, darfst du filmen. Das bedeutet, du kannst ein Rathaus von außen filmen, aber wenn du hineingehst, brauchst du eine Drehgenehmigung. Man sollte auch immer darauf achten, dass jeder Mensch Persönlichkeitsrechte besitzt. Das Recht am eigenen Bild ist so ein Recht und das darf nicht verletzt werden. Wenn du die Aufnahme im privaten Bereich nutzt (was bei YouTube-Videos nicht der Fall ist) oder wenn du jemanden in einer Menschenmenge aufnimmst, gelten die Regeln ebenfalls. Mit einer Einverständniserklärung bist du aber auf der sicheren Seite.

Bei Personen des öffentlichen Lebens, dazu zählen

Musiker, Film- und Sportstars oder auch Politiker, ist zu beachten: Solange sie öffentlich auftreten, darfst du sie filmen. In den Privatbereich einzudringen, ist logischerweise untersagt. Jetzt fragst du dich bestimmt, woher die ganzen Bilder und Videos von Promis kommen, auf denen sie zu Hause oder auf einem Boot zu sehen sind. Da ist der Standort des Fotografen oder Filmers wichtig. Bewegt er sich auf öffentlichem Gelände und nutzt riesige Teleobjektive, kann sich das rechtlich in einer **Grauzone** befinden. Ich würde aber niemandem raten, das auszuprobieren.

Bei der Aufnahme von Privatpersonen empfehlen wir dir, die oben genannte **Einverständniserklärung**, am besten schriftlich, einzuholen. Wichtig dabei ist, den Verwendungszweck (Dokumentation, Film etc.) und auch, wann und vor allem wo du das Material verwenden willst, anzugeben. Bedenke auch, dass es in Zukunft mit Sicherheit Medientypen (also nicht nur **YouTube**) geben wird, über die du deinen Film ebenfalls verbreiten kannst. Das solltest du zusätzlich hineinschreiben.

Aber kommen wir noch mal zu Gebäuden und dem öffentlichen Raum zurück. Es wird vermutlich untersagt sein, in Firmengebäuden zu filmen, wenn du keine ausdrückliche Genehmigung hast. Oftmals auch von außen. Viele Firmen müssen sich mit Industriespionage herumschlagen, weshalb sie gegen Kameras eine Abneigung haben.

Bei Universitäten, Museen oder anderen Gebäuden kann
es zu einer Gebühr kommen, die man „Motivmiete" nennt.
Auch bei U-Bahnen oder einem Bahnhof ist es immer
ratsam, eine Genehmigung einzuholen.
Fassen wir doch mal kurz zusammen. Du drehst in
Berlin auf dem Pariser Platz vor dem Brandenburger Tor
in Richtung der Straße Unter den Linden:

* Du brauchst erst einmal keine
Genehmigung, weil es ein öffentlicher
Platz ist.

* Du brauchst aber eine Genehmigung,
wenn du die Nutzung des Platzes oder
den Verkehr einschränkst, wenn du
zum Beispiel ein Stativ für die
Kamera aufbaust.

* Du benötigst keine Genehmigung,
wenn Stars aus dem Hotel Adlon
kommen und du dich weit genug weg
von ihnen befindest (das solltest du
aber lieber sein lassen, denn Paparazzi
sind ganz schön nervig).

* Du musst eine Genehmigung haben, wenn du zum Filmen in das Hotel Adlon gehst.

* Du brauchst eine Einverständniserklärung von Personen, die du direkt filmst (mit Verwendungszweck wie Werbung, Kinofilm, Dokumentation etc. und Veröffentlichungsangabe des Videos, wann und wo).

* Du willst auch in der U5 (U-Bahn) drehen, dann brauchst du eine Genehmigung der BVG (Berliner Verkehrsbetriebe).

* Du möchtest mit einer Drohne fliegen – vergiss es. Das ist in Berlin-Mitte rund um den Reichstag nicht erlaubt.

Jetzt solltest du im Grunde alles Wichtige wissen. Jedoch gibt es gerade im regionalen Bereich viele Unterschiede. Deshalb können wir leider keine Garantie für die Vollständigkeit dieser Fakten geben. Du solltest dich am besten noch weiter über all diese Dinge informieren. So bist du auf der sicheren Seite und kannst deine Videos ohne Probleme drehen.

SOCIAL
MEDIA

Du weißt nun schon, wie, mit welchem Equipment und auch wo du Videos drehen kannst und wie du ein cooles, einzigartiges Format entwickelst. Um deine Videos zu verbreiten, reicht YouTube als Plattform aber nicht aus. Wir würden sogar so weit gehen und sagen: Ohne Social Media bist du total aufgeschmissen. Stell dir vor, du hast eine mördergeile Serie geschaffen und sie wird nicht gesehen, weil der YouTube-Kosmos so irrsinnig groß ist. Ohne Tweets, Insta-Pics, Snaps oder Facebook-Posts kann deine Serie untergehen. Deshalb solltest du als YouTuber auf den verschiedenen sozialen Netzwerken aktiv sein und dich dort auch richtig auskennen. Neben den Klassikern kommen immer wieder neue Dienste an den Start, die es sich lohnt auszutesten. Aber werfen wir doch zuerst mal einen Blick auf die größten drei.

Twitter

Seit dem 21. März 2006 ist Twitter am Netz und damit fast so alt wie YouTube. Auf Twitter hat der User, Twitterer genannt, die Möglichkeit, Texte mit einer Maximallänge von 140 Zeichen zu posten. Die Plattform ist perfekt, um schnell Nachrichten zu verbreiten und um genauso schnell an Nachrichten zu gelangen. Twitter hat die moderne Nachrichtenberichterstattung grundlegend verändert. Ob Politiker wie der ehemalige Präsident der USA, Barack Obama, der schon 2008 während seines ersten Wahlkampfs zu tweeten begann, oder Sportler wie Mesut Özil, Musiker/-innen wie Katy Perry oder Marken wie *PlayStation* – alle sind dem Hype erlegen.

Auch YouTuber können diese schnelle Nachrichtenübermittlung für sich nutzen. Zum Beispiel, um Videos zu teilen oder auch, um mit ihren Fans und anderen YouTubern in Kontakt zu treten. Derzeit ist es sogar Trend, lange und ausführliche Diskussionen über das soziale Netzwerk zu führen. Für Unterhaltung ist ganz bestimmt gesorgt. Und man kann relativ einfach auf sich aufmerksam machen. Das fixe Feedback der Zuschauer hilft auch in vielen Bereichen. Sei es die Meinung deiner Fans, als Themenfinder oder wie bei mir, wenn ich mal wieder einen Kanal der Woche suche. Als YouTuber ist Twitter also quasi ein MUSS und hier aktiv zu sein, wird sich auf alle Fälle für dich lohnen!

Zu Deutschlands größten YouTube-Twitterern 2016 gehören Dner und Unge, Dagi Bee, BibisBeauty Palace, ApeCrime, iBlali, Julienco, Melina Sophie und Julien Bam – die alle mehr als 1.000.000 Follower haben!

Instagram

Seit 2010 ist die Fotoplattform Instagram am Start. Das Bild steht hier im Vordergrund. Posten kann man prinzipiell alles, da es für sämtliche Themen eine Zielgruppe gibt.

YouTuber nutzen die Plattform, um ihre Videos zu verbreiten, mit ihren Zuschauern zu interagieren und um ihr Leben mit der Öffentlichkeit zu teilen. Neben bereits bekannten Leuten, die Instagram als weiteren Verbreitungsweg nutzen, hat sich dieses Netzwerk zu einem richtigen Star-Maker entwickelt. Instagramer, wie die User genannt werden, haben teilweise Millionen von Followern und werden somit zu Influencern.

Es ist also auch möglich, eine Karriere über Instagram zu starten und dort ein Star zu werden. Instagram gehört übrigens zu Facebook und ist damit Teil eines gigantischen Datenkraken. Du solltest also auf jeden Fall aufpassen, was du postest. Ganz wichtig: Du verlierst die Bildrechte, sobald du ein Bild dort veröffentlichst. Und auch wenn es für den einen oder anderen neu ist, aber Facebook ist dadurch berechtigt, deine geposteten Bilder für Werbezwecke zu nutzen.

Anfang des Jahres 2016 waren auf Instagram über 40 Milliarden Fotos online. Jeden Tag kommen durchschnittlich 80 Millionen Fotos hinzu. So viele, wie Deutschland Einwohner hat. Diese Zahlen sind natürlich nicht nur aus Sicht von Facebook genial, sondern auch für dich. Denn du kannst darüber auch Geld verdienen – mehr dazu im Kapitel „Geld verdienen mit YouTube".

Seit im August 2016 nun noch die Instagram Stories als neues Feature hinzugekommen sind, wird der Social-Media-Dienst zum größten Konkurrenten von Snap. Instagram ist für jeden YouTuber also klares Pflichtprogramm!

Facebook

Mark Zuckerberg ist nicht nur einer der reichsten Menschen der Welt, er hat die Welt auch maßgeblich verändert. Seit Facebook am Start ist, hört der Social-Media-Boom gar nicht mehr auf. Doch der große Facebook-Hype ist vorbei. Die Seite wehrt sich dagegen und will unbedingt auf der Webvideo-Welle mitschwimmen – was bisher aber nicht zu funktionieren scheint.

Vor einigen Jahren war Facebook noch super, um aktiv zu sein und viel zu posten. Auch konnte man seine YouTube-Videos prima promoten. Mit der Umstellung des Algorithmus hat sich das jedoch geändert. Man muss jetzt zahlen, um 100 Prozent seiner User zu erreichen, egal ob man 100 oder 1.000.000 Follower hat. Facebook will auch gar nicht, dass User ihre Seite verlassen, um auf YouTube oder andere Plattformen zu gehen. Sie möchten den Nutzer so lange wie möglich auf Facebook halten. Aus diesem Grund funktioniert die Promotion eigener YouTube-Videos dort kaum noch.

Eine Fanseite zu haben, kann sinnvoll sein, weil man über Facebook mittlerweile ein anderes Publikum erreicht als auf YouTube. Denn während für viele Jugendliche andere Dienste spannender geworden sind, hat nun die ältere Generation Facebook für sich entdeckt. Auch viele Firmen präsentieren sich erfolgreich auf Facebook. Aktuell sollte man seinen Account mit eigens kreierten Inhalten bestücken und das am besten mehrfach am Tag. Dazu gehört auch das Uploaden von Videos. Links zu den eigenen YouTube-Videos sollten hier vermieden werden, weil sie nicht dazu dienen, eine höhere Reichweite auf deinem Channel zu erzielen.

Oftmals werden bei Facebook sehr hohe Klickzahlen angezeigt, die zum Teil wesentlich höher als auf YouTube sind. Doch das ist mehr Schein als Sein. Die Videos auf Facebook werden in der Timeline automatisch abgespielt. Das hat zur Folge, dass die Videos einfach durchlaufen, ohne dass sie wirklich gesehen werden. Auch zählt der View-Counter schon nach wenigen Sekunden an. Ende September 2016 wurde bekannt, dass Facebook zwei Jahre lang teils falsche Zahlen über die Sehdauer der Videos veröffentlicht hat. Hier wurden die Zahlen überschätzt – sie waren beinahe 60 bis 80 Prozent höher als in Wirklichkeit! Das hat eher was mit Verschönerung, aber wenig mit Realität zu tun. Laut Facebook war es ein Rechenfehler – klar …

Natürlich kann man auch mit Facebook Geld verdienen.

Bezahlte Posts sind keine Seltenheit, obwohl über die Wirksamkeit dieser Methode gestritten wird. Als You-Tuber muss man sich überlegen, ob es sich lohnt, eine Facebook-Seite zu starten. Neben vielen anderen Social Networks, die ganz klar ein Muss für jeden YouTuber sind, ist Facebook gerade im Wandel. Du solltest auf jeden Fall einen konkreten Plan haben, bevor du eine Fanseite startest. Denn ohne Plan und ohne viel Zeit in die Seite zu investieren, wird sie dir gar nichts bringen. Mein Fazit zu Facebook ist daher: kann, muss aber nicht.

So, die Klassiker sind durch. Kommen wir zu den aufstrebenden Social Networks.

Snapchat

Snapchat … oops, es heißt ja eigentlich seit September 2016 „Snap" (aber mal ehrlich, so nennt es doch echt niemand), wurde 2011 als Instant-Messenger-Dienst gegründet, ähnlich wie WhatsApp. Doch mittlerweile hat Snapchat den Charakter eines Instant-Messenger-Dienstes ganz klar verloren. Aber kurz ein Einblick, was Snapchat eigentlich ist, obwohl du das bestimmt schon weißt ☺.

Snaps sind Foto- oder Videonachrichten, die du mit deinen Freunden oder der Öffentlichkeit teilen kannst. Das funktioniert in Echtzeit. Wie lang ein Snap wird, bestimmt der Versender, aber maximal nur zehn Sekunden lang. Mit verschiedenen Filtern in lustigen Designs und Live-Storys von verschiedenen Events, auf denen sich Snapchat-Nutzer tummeln, konnte die App echt überzeugen. Durch Wischen und Tippen kannst du zwischen den von dir geaddeten Stars hin- und herwechseln. Wischen für weg – manchmal ist es ja wirklich langweilig – und tippen für den nächsten Snap in der Snapper-Timeline.

Im Januar 2016 veröffentlichte Snapchat Zahlen und die sind beeindruckend! Täglich mehr als 100 Millionen Benutzer und über eine Milliarde verschickte Snaps sind einfach unglaublich. Doch womit Snapchat sogar Facebook überholt hat, sind die zehn Milliarden Videoaufrufe pro Tag.

Das Besondere an Snapchat ist bzw. war die Kurzlebigkeit der Inhalte. Denn nach 24 Stunden waren sie verschwunden.

Im Juli 2016 gab Snapchat dieses Alleinstellungsmerkmal auf und integrierte die Memories-Funktion. Dieses Feature ermöglicht es, Snaps zu speichern und aus der Galerie in deine eigene Story hochzuladen. Diese Snaps bleiben dann auch nur 24 Stunden online, doch kannst du sie immer wieder neu posten. Der Grund dafür sollte sich einen Monat später zeigen. Denn im August 2016 führte Instagram die *Instagram Stories* ein. Von den Funktionen her kann man sie mit Snapchat gleichsetzen und somit sind sie eine direkte Konkurrenz.

Wer spontan ist und gern auch private Einblicke in sein Leben mit anderen teilen möchte, für den ist Snapchat perfekt geeignet. So nutzen YouTuber Snapchat nicht nur, um eventuell Hintergrundinformationen oder Behind-the-Scene-Videos an ihre Community zu senden, sondern auch als Bote für Feedback. So kannst du auf Snapchat einen Aufruf zu einer Umfrage starten, wobei sich deine Community aber über Twitter oder in den Kommentaren eines deiner Videos äußern soll. Dies führt zu einem plattformübergreifenden Effekt, was all deine Social-Media-Kanäle wachsen lassen kann und gleichzeitig deine Fans genauer über dich und deinen Channel informiert. Viele nutzen Snapchat aber genau, wofür es ursprünglich gedacht war – nämlich als Kurznachrichtendienst für ihre Community.

Ob du dich jetzt für Snapchat als Plattform entscheidest oder doch für „Instagram Stories", liegt ganz bei dir. Einige haben schon einen Instagram-Account und möchten nicht unbedingt zwei Dienste mit Inhalten befüllen. Schaden kann es nicht, denn somit gibst du deiner Community, wovon bestimmt der eine dies, der andere das verwendet, die Möglichkeit, frei zu entscheiden.

Wer noch mehr über Snapchat erfahren möchte, sollte auf jeden Fall bei Philipp Steuer vorbeischauen, denn er hat *Snap Me If You Can* geschrieben, ein Leitfaden für alle, die dieses Phänomen verstehen wollen. Die PDF-Datei kannst du kostenlos downloaden, wenn du deine Mail-Adresse angibst. Lies doch mal rein!

Musical.ly

Das nächste große Ding nach Snapchat/Snap. Musical.ly ist ein Hype, der gerade 2016 so richtig um sich gegriffen hat. Wer zu den First Movern gehören möchte, sollte sich beeilen, denn viele Medien haben schon darüber berichtet. Und wenn sogar die Zeitung davon gehört hat, dann ist es höchste Zeit. Aber was ist es genau, was 100 Millionen Menschen zwischen 13 und 25 Jahren so begeistert?

Musical.ly ist im Grunde eine Mischung aus den beiden Apps Dubsmash und Vine. Die sogenannten Muser (Musical.ly-User) choreografieren und filmen innerhalb von 15 Sekunden ein Video in Selfie-Mode zu einem bekannten Song. Dabei ist die korrekte Lip Sync, also Lippensynchronisation, ganz wichtig. Mittels Zeitraffer, Zeitlupe oder Stop-Motion werden die Videos dann veröffentlicht. Effekte dürfen natürlich auch nicht fehlen. Die Songs werden übrigens von Musical.ly selbst bereitgestellt.

Neben der Lip-Sync-Video-Option gibt es auch andere Möglichkeiten, auf Musical.ly erfolgreich zu werden. So kann man zu Wettbewerben aufrufen oder Comedy und Artistic Battles veranstalten. Gerade weil es bei Musical.ly darum geht, gefunden zu werden und seine Inhalte oft zu teilen, sind die Wettbewerbe und die dazugehörigen Hashtags so interessant.

Zudem bietet die App die besten Voraussetzungen für eine gelungene Plattformen-Cross-Promotion. Vor allem zu Facebook und Instagram. Das haben sich auch die wohl bekanntesten – deutschen als auch internationalen – Muser Lisa and Lena zunutze gemacht.

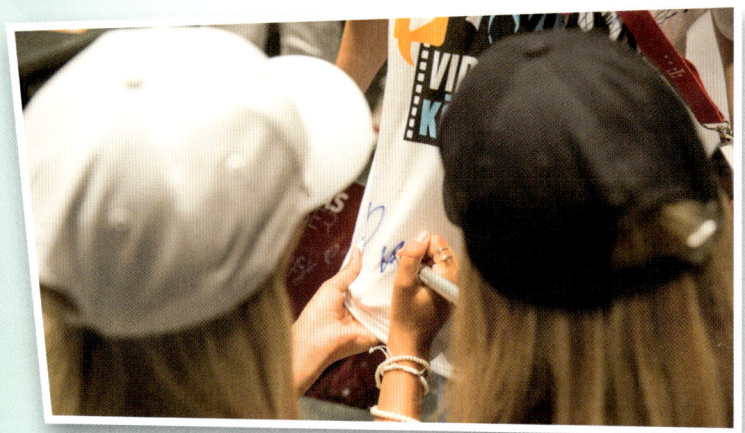

Im Oktober 2016 hatten sie schon über zehn Millionen Fans um sich geschart und zählen damit zu den weltweit größten Accounts. Man mag es kaum glauben, aber Lisa and Lena hatten im Oktober 2015 gerade mal zwölf Follower auf Instagram. Nur ein Jahr später waren es 6,2 Millionen!

Wer sich nicht scheut, zu tanzen und seine Lippen manchmal Duck-Face-like zu bewegen – es sind ja nur 15 Sekunden –, für den kann Musical.ly eine echte Bereicherung zu Instagram sein – und natürlich auch für seinen YouTube-Kanal.

Andere Social-Media-Plattformen

Nachdem wir uns jetzt die klassischen Plattformen wie Facebook, Twitter und Instagram sowie die neueren wie Snapchat und Musical.ly angeschaut haben, folgen noch ein paar weitere, die für dich vielleicht interessant sein könnten.

Jedem, der eine Gmail-Adresse besitzt, sollte Google+ ein Begriff sein. Sobald man eine E-Mail-Adresse bei Google erstellt, bekommt man fast automatisch solch einen Account dazu. Deshalb ist es auch gar nicht verwunderlich, dass es in Deutschland mittlerweile gut 15 Millionen Mitglieder gibt. Die tatsächlichen Nutzerzahlen liegen aber weit darunter. Ähnlich wie auf Facebook kannst du auch auf Google+ eine Fanseite erstellen und dort deine Videos teilen.

Instagram und Snapchat gehören zu den sogenannten Bildnetzwerken. Doch auch Pinterest und Flickr sind nicht zu unterschätzende Plattformen. Gerade Pinterest ist bekannt für einen hohen weiblichen Nutzeranteil, weil das Augenmerk auf die Bereiche Mode, Wohnen, Lebensmittel oder auch Reisen gerichtet ist. Hier kann man ähnlich wie auf Instagram seine Schnappschüsse posten und somit eine Fangemeinde aufbauen.

Flickr kennen vermutlich nur die älteren Leser, weil es hauptsächlich von Profi- oder Amateurfotografen genutzt wird, um ihre Bilder zu verbreiten. Zudem findet man auf Flickr auch Bilder, die man eventuell für seine Thumbnails verwenden kann, da viele Bilder kostenfrei und ohne rechtliche Probleme genutzt werden können. Dennoch solltest du die Rechte der Bilder zur Sicherheit vor der Verwendung genau prüfen.

Tumblr gehört, wie auch Twitter, zu den Blogging-Plattformen. Wobei Tumblr das klassische Bloggen – also Artikel schreiben, posten und ganz fest hoffen, dass es jemand liest – abdeckt. Weltweit gibt es derzeit wohl noch über 200 Millionen Nutzer, Tendenz aber eher abnehmend.

Dann gibt es natürlich noch Vimeo. Ebenso wie YouTube ist es eine Videoplattform, auf der sich aber weit mehr professionelle und hochwertigere Videos finden lassen. Der wohl wichtigste Unterschied zu YouTube ist, dass man ab einer bestimmte Upload-Menge (500 MB in der Woche) dafür bezahlen muss.

Zu guter Letzt die Plattform, die so gut wie jeder Gamer kennen wird: Twitch. Als die Streaming-Seite Justin.tv gegründet, wurde sie recht schnell von Videospiele-Fans angenommen, weshalb sich die Macher auch innerhalb kürzester Zeit entschieden, die Schwesterseite Twitch zu launchen. Du kannst dir dort, genau wie auf YouTube, deinen eigenen Kanal erstellen und Videos streamen. Ebenfalls gibt es auf Twitch ein Partnerprogramm (dazu kommen wir später noch) und man kann Kanäle sogar kostenpflichtig abonnieren. Der wohl wichtigste Unterschied zu YouTube liegt aber in der Vergütung, die auf Twitch wesentlich höher ausfallen kann. Wie genau du mit YouTube Geld verdienen kannst, erklären wir dir in einem späteren Kapitel. Aber erst einmal solltest du im nächsten Kapitel noch etwas mehr über das Videomachen lernen und ein paar Erfahrungen sammeln.

NEUES LERNEN,
ERFAHRUNGEN SAMMELN
UND TEILEN

Als Anfänger ist Unterstützung alles. Man muss noch viel dazulernen, um sich ständig verbessern zu können. Der wichtigste Ansatz: **Du musst es wirklich wollen!** Nur wenn du bereit bist, viel zu arbeiten und dich anzustrengen, kannst du auch langfristig etwas erreichen. Und am meisten Spaß an der Arbeit hast du, wenn du dich mit Gleichgesinnten, die du durch **YouTube** ziemlich sicher schnell kennenlernen wirst, zusammentust.

Creative.forge

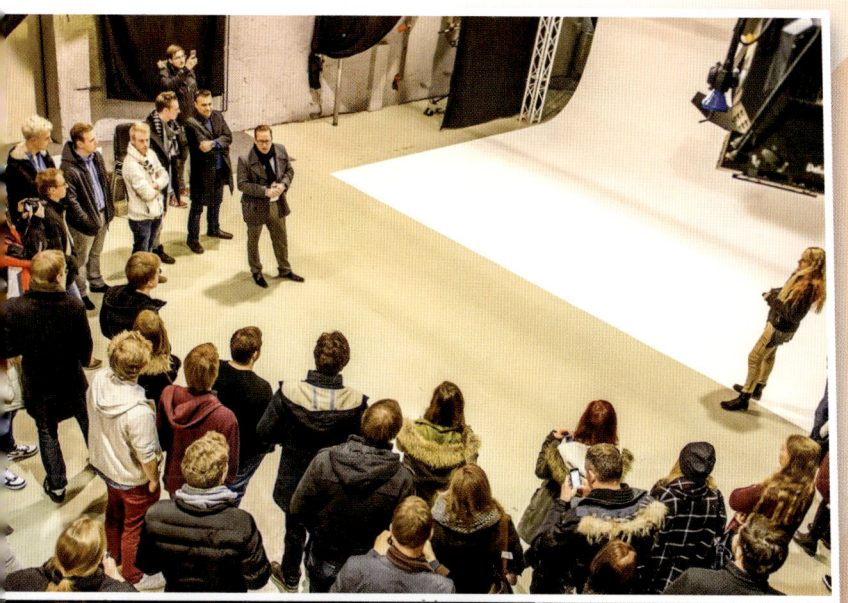

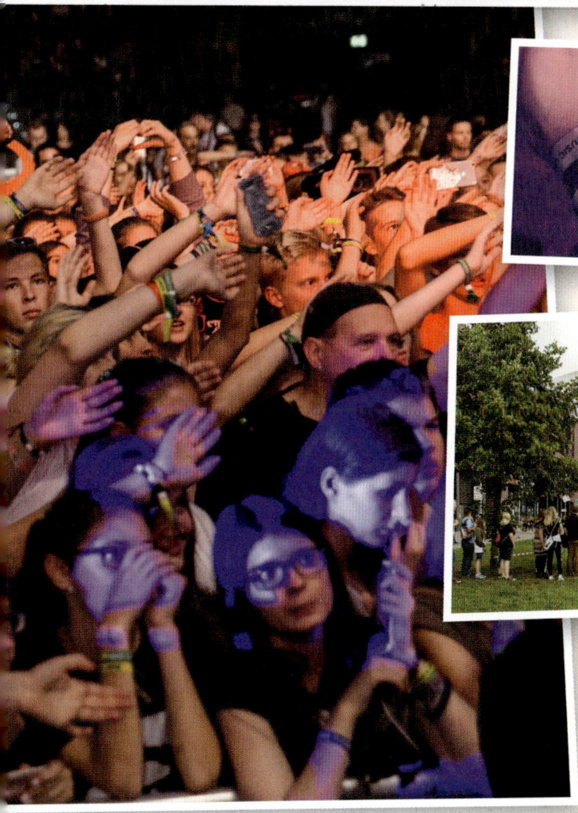

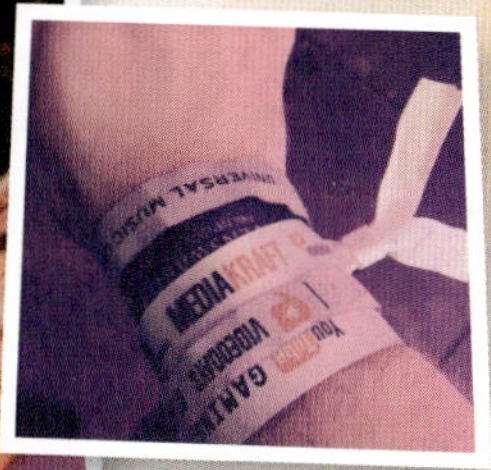

VideoDays

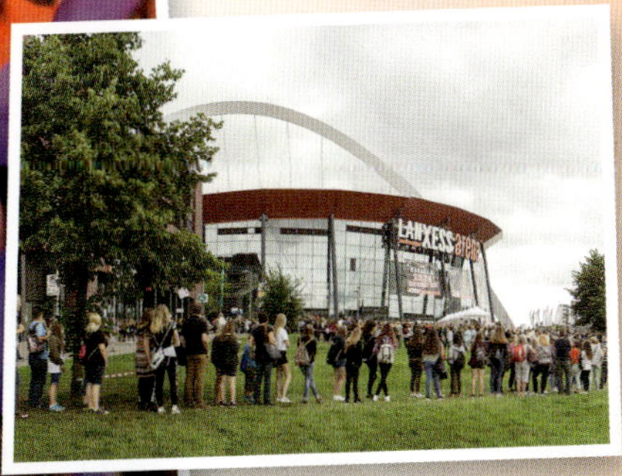

Jeder wird sich mit einer Sache besonders gut auskennen. Der eine ist besonders fit beim Schneiden, der andere kann super Skripte schreiben und wieder ein anderer weiß ganz genau, wie man den perfekten Ton erzeugt oder Licht setzt. In einem **Team** sollte jeder von euch einen Schwerpunkt haben, auf den er sich konzentriert. Wenn jeder irgendwie alles so ein bisschen macht, kann das schnell zu Streit führen, und den braucht ihr garantiert nicht! Am Ende geht es doch darum, geile Videos zu produzieren, und nicht, Zeit mit Streitigkeiten zu verschwenden. Am besten findet ihr heraus, was euch am meisten Spaß macht, und verteilt die Aufgaben fair. So bringt sich jeder ein und es kann losgehen. Gerade in der Anfangsphase ist es sinnvoll, wenn man sich die Dinge, die man eben noch nicht kann, gegenseitig beibringt. So kannst du am Ende von allem etwas und bist dennoch Spezialist auf deinem eigenen Gebiet. Es kann nur von Vorteil sein, wenn jeder zumindest die Grundlagen beherrscht.

Solltest du aber ganz allein deine Videos produzieren, dann bleibt dir nichts anderes übrig, als alles selbstständig zu lernen. Um ehrlich zu sein: Es ist nicht wenig, was du lernen musst, und das kann auch leider ganz schön lange dauern. Mit dem Buch hier hast du schon mal eine prima Lernhilfe in der Hand. Außerdem hat lernen noch niemandem geschadet und auch ich weiß noch nicht alles – und ich bin schon seit sieben Jahren auf YouTube unterwegs!

WORKSHOPS UND WEITERBILDUNG

Von anderen YouTubern kannst du schon einiges lernen, aber es gibt noch weitere Möglichkeiten, so viel wie möglich mitzunehmen. Eine super Chance, Neues zu lernen und auf Gleichgesinnte zu treffen, ist der Besuch von Seminaren und Workshops. Je nachdem, was du erfahren willst, musst du Ausschau nach Angeboten halten. Das Internet bietet dir eine große Fülle an Veranstaltungen. Doch Achtung! Nicht jedes Seminar ist sinnvoll und nicht jeder Workshop ist wirklich lehrreich für dich.

Willst du mehr über Kameras lernen, hört sich ein Kameraworkshop natürlich erst einmal super an. Das stimmt in erster Linie, wichtig ist jedoch auch, dass du darauf achtest, was dir im Workshop alles gezeigt werden soll. Wenn bei einer Veranstaltung eine TV-Kamera erklärt wird, bringt dich das leider überhaupt nicht weiter. Du wirst das mit ziemlicher Sicherheit so schnell nicht brauchen – und das musst du auch nicht!

Genauso wenig bringt dir ein Kamera-Workshop für Fotografie. Schön fotografieren zu können, ist toll und eine Kunst für sich. Doch gute Fotos zu schießen, macht noch keinen guten Filmer aus dir. Was für ein Workshop sollte es also sein? Richtig, ein Webvideo-Workshop!

AUSBILDUNG UND STUDIUM

Willst du ein echter Profi im Bereich Mediengestaltung, Bild und Ton werden, bietet sich natürlich eine Ausbildung an. Hier erlernst du das nötige Handwerk von Grund auf. Planen, Produzieren und Gestalten sind wichtig, aber auch redaktionelle Aspekte, also das Schreiben von Skripten und Drehbüchern, spielen eine Rolle. Am Ende kannst du einen Job bei Werbeagenturen, beim Fernsehen oder auch in einem Tonstudio beginnen.

Natürlich gibt es verschiedene Studiengänge wie Regie, Bild und Ton oder auch Schauspiel. Ein perfektes Beispiel, welche Früchte so ein Studium tragen kann, sind der Filmstudent Shawn Bu und Action-Regisseur Vi-Dan Tran mit dem Filmprojekt Darth Maul: Apprentice. Sie haben

damit nicht nur einen der begehrten **Webvideopreise** ab-
geräumt, sondern im Vordergrund stand die Ablieferung
von Shawns Bachelorarbeit, für die er sogar eine Eins
bekam! So eine Leistung ist natürlich das Nonplusultra
in der Webvideo-Landschaft. Deshalb war es auch nicht
allzu überraschend, dass sogar Hollywood schon bei ihnen
angeklopft hat.

SOLLTEST DU ABER NOCH ZUR SCHULE
GEHEN, SIND FÜR DICH VOR ALLEM WORK-
SHOPS UND DIE NÄCHSTEN BEISPIELE
VON NUTZEN.

YouTube Space:

Die für mich besten Workshops sind die von YouTube mit YouTubern für YouTuber. Zum Glück gibt es in Berlin YouTube Space, wo kostenlos Workshops und viele weitere Veranstaltungen zu YouTube angeboten werden. Dort kannst du superviel Neues erfahren, wirklich nette Menschen kennenlernen und kreativ die Köpfe mit ihnen zusammenstecken. Ab 10.000 Abonnenten könnt ihr im Space sogar drehen und schneiden. Außerdem gibt es die Möglichkeit, gratis Technik auszuleihen, was ein echter Luxus ist.

Natürlich kommt nicht jeder aus Berlin und kann somit das Space nutzen. Doch wer einmal die Chance hat, sollte es tun. Glücklicherweise gibt es aber auch mittlerweile immer mehr Angebote für YouTube-Neulinge deutschlandweit.

WILLKOMMEN
YouTube Creator Day

Workshop im YouTube Space

Café Netzwerk – TubeMunich:

München ist zum Beispiel ein Vorreiter in Sachen Förderung von YouTube-Anfängern. Im Café Netzwerk findet jeden Monat TubeMunich statt. Ein Event, das Workshop, YouTuber-Treffen und Fragerunde in einem ist. Ein oder mehrere YouTuber werden als Gäste eingeladen. Du kannst Fotos und Videos mit ihnen machen und im Anschluss gibt es ein Panel, in dem du etwas über die Arbeit der YouTuber erfahren kannst, und nebenher bringen sie dir auch noch was bei. Ein Nachmittag voller YouTube-Action und das mit vielen coolen Leuten. Und noch dazu kannst du im Café Netzwerk Kameratechnik kostenlos ausleihen und an weiteren Workshops passend zum Thema YouTube teilnehmen.

Vortrag von Phil bei TubeMunich

Creative.Forge:

Ebenfalls in München ist die Creative.Forge der Bavaria-Film-Gruppe. Sie bietet ähnlich wie das YouTube Space in Berlin kostenfreien Zugang zu professionellem Equipment, Schnittplätzen, Studio-Räumlichkeiten, Mentoring-Programmen und Workshops. Hier treffen sich, wie auch im Café Netzwerk, YouTuber, mit denen es einfach Spaß macht, sich auszutauschen und gemeinsam Projekte zu entwickeln.

Kliemannsland:

Derzeit im Aufbau befindet sich das **Klie-mannsland** des YouTubers **Fynn Kliemann**. Der zwei Hektar große Bauernhof versteckt sich irgendwo in der Nähe von Bremen. Damit nicht jeder dorthin kommt und bei der kreativen Arbeit stört, wird die genaue Adresse nur auf Anfrage an das **Kliemannsland** verraten. Du wirst dort in Zukunft tolle Möglichkeiten haben! Denn hier kommen nicht nur Filmemacher auf ihre Kosten, sondern jeder, der irgendwie eine Idee hat, die er umsetzen möchte.

Neben Schnittplätzen sind auch eine Tonkabine geplant, die man für Musikprojekte nutzen kann, und Werkstätten für handwerklich Begabte. Auch hier soll es die Möglichkeit geben, sich Technik auszuleihen und Hilfe für Drehs zu erhalten. In abgeschiedener Lage zu arbeiten, ist etwas ganz Einzigartiges, und kreative Köpfe können hier auf Hochtouren laufen. Die Leute vor Ort unterstützen dich dabei, Ideen umzusetzen, die du allein oder ohne passendes Know-how gar nicht realisieren könntest. Und das Besondere: Im **Kliemannsland** wirst du sogar übernachten können!

Wer Lust hat, kann sich das Format **Kliemannsland** auch bei YouTube anschauen. Das Projekt wird unter anderem vom „Jungen Angebot" von ARD und ZDF unterstützt.

Solltest du in deiner Region noch kein solches Angebot haben, dann mach dich in einer Gruppe dafür stark. Es braucht Unterstützer aus der Privatwirtschaft, aber auch aus der Öffentlichkeit, die dabei helfen, so ein Projekt umzusetzen.

Merkt euch, zusammen könnt ihr viel erreichen. Zusammen macht Neues erleben und lernen mehr Spaß als allein. Erfahrungen auszutauschen und gemeinsam was zu erreichen, ist eines der genialsten Erlebnisse, die du haben kannst! **Finde Freunde und macht gemeinsam YouTube zu einem Ort der Kreativität und guten Unterhaltung!**

EVENTS

Phil, CatyCake und Unge beim Event zum YouTube Gaming Launch

Inzwischen gibt es unzählige **YouTube-Events**. Und jedes einzelne ist eine gute Gelegenheit, um neue Bekanntschaften zu machen, Kontakte zu pflegen und vor allem, um Zeit mit seinen Zuschauern zu verbringen. Gerade am Anfang deiner Karriere ist es sinnvoll,

Phil, Patrice und Robert Hofmann auf der Social Movie Night

dich bei so vielen Events wie nur möglich zu zeigen und an Aktionen teilzunehmen. Events helfen dir, andere YouTuber kennenzulernen, Kontakte aufzubauen und neue Freunde zu finden. Zusätzlich lernst du viel über die YouTube-Szene, erfährst, wie YouTuber hinter der Kamera sowie privat drauf sind, und nicht zuletzt – du wirst jede Menge Spaß haben! Zu filmen, was für eine tolle Zeit du hast, ist einfach nur genial.

Aber Vorsicht! Für YouTuber ab einer bestimmten Reichweite sind Events zwar immer noch eine tolle Sache, dennoch sind sie mit ziemlich viel Stress verbunden. Wenn du noch relativ unbekannt bist, hast du den Luxus, dass du dich voll und ganz auf deine Freunde konzentrieren kannst. Du brauchst dir gar keine Gedanken beim Kennenlernen von neuen Leuten zu machen. Für bekannte **YouTuber** sehen solche Events meist anders aus. Man kommt kaum dazu, mit seinen Freunden Zeit zu verbringen, weil alle paar Minuten jemand auftaucht, der Hallo sagen möchte. Auch geschäftliche Kontakte kommen zustande und müssen gepflegt werden – wie du siehst, hier entsteht mit der Reichweite auch die Verantwortung.

Je nachdem, wie man als Mensch drauf ist, kommt man mit der Dauerbelagerung besser oder eben schlechter zurecht. Eins kann ich dir allerdings verraten: Nach einer **Zehn-Stunden-Autogrammstunde** und einem **Interview-Marathon** brauchst du zumindest am Abend deine Ruhe. Doch die wirst du auf diesen Events kaum finden. Denn besonders die **Event-Partys** am Abend sollten zum Netzwerken genutzt werden, also um geschäftliche Kontakte zu knüpfen. Erst als Letztes kommt leider für die Profis das tatsächliche Vergnügen an die Reihe.

Doch welche Events gibt es überhaupt?

VideoDays:

Gegründet wurden die **VideoDays** im Jahr 2010 von Philipp Betz, das bin übrigens ich ☺. Es war zunächst geplant, ein Treffen mit einigen **YouTubern** zu organisieren, damit sie ihre Zuschauer kennenlernen und mit ihnen in Kontakt treten konnten. Als ich Christoph Krachten (dem Gründer von **Mediakraft**) davon erzählte, war er von der Idee begeistert. Doch erst einmal stand sein Urlaub an, nach dem er einige Wochen später anrief und anbot, einen Raum auf der Gamescom zu besorgen. Dem war ich natürlich nicht abgeneigt und habe gleich zugesagt. Ab diesem Zeitpunkt begannen Christoph und ich mit der Organisation, wobei er schon einen gehörigen Anteil am Gelingen der ganzen Sache hatte. Die Veranstaltung war mit knapp 500 Besuchern das damals größte deutsche **YouTuber-Treffen**. Ab dem Jahr 2011 lief das Treffen dann unter dem Namen **VideoDays** und konnte über 1.700 Besucher zählen. Aber bereits seit dem zweiten Veranstaltungsjahr war ich nicht mehr Teil der Organisation.

Die **VideoDays** heutzutage sind ein großes Fan-Treffen mit Wurzeln in Köln. YouTuber und Fans haben die Möglichkeit, sich auszutauschen. Aufgrund des riesigen Erfolgs von YouTube in Deutschland sind die wirklichen Treffen mit den Fans über die Jahre immer mehr zu einer Massenveranstaltung geworden. Diese „**Treffen**" haben sich natürlich verändert. Die **VideoDays** wurden zu einer komplett durchorganisierten Veranstaltung, bei der sich aufgrund des hohen Andrangs kaum noch genügend Zeit für Fans findet. So kommt es schon mal vor, dass während der Autogrammstunden nur 20 Sekunden pro Fan zur Verfügung stehen. Hallo sagen, Foto machen, Autogramm schreiben – und das war es.

Leider ist es nicht mehr anders möglich, denn man möchte natürlich allen Fans irgendwie gerecht werden.

Neben den Autogrammstunden mit den **YouTube-Stars** gibt es bei den VideoDays eine große **Bühnenshow**, auf der die **YouTuber** ihre Künste zum Besten geben.

Interessanter Fakt am Rande: Die VideoDays-Bühnenshow ist derzeit die größte YouTube-Show weltweit.

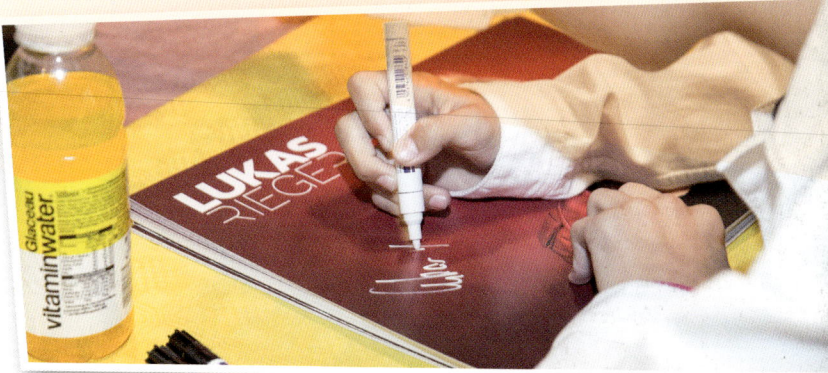

Im Rahmen der VideoDays wurden schon mehrfach Workshops veranstaltet – die sogenannte **Academy** für aufstrebende YouTuber. Bereits erfolgreiche YouTuber halten hier Vorträge. Solltest du die Möglichkeit haben, hieran teilzunehmen – mach unbedingt mit!

Die **VideoDays** wachsen immer weiter. So wurden sie im Jahr 2015 erstmals neben Köln auch in der Hauptstadt Berlin veranstaltet und dort ging es am 1. und 2. Mai 2015 so richtig ab. Insgesamt besuchten 21.300 Fans und Zuschauer die beiden Veranstaltungen (Köln 15.300 und Berlin 6.000). Auch im Jahr 2016 wurden die VideoDays wieder in Köln und Berlin bzw. Potsdam veranstaltet. Auf welche Orte und Länder die VideoDays in den kommenden Jahren noch ausgeweitet werden, steht zwar in den Sternen, aber wir sind gespannt und uns sicher, dass auch die Schweiz und Österreich bald anstehen werden.

Phil auf der Vidcon in L.A.

VidCon:

Die VidCon ist das US-amerikanische Gegenstück zu den VideoDays. Beide Events wurden im selben Jahr gegründet, und wie schon in Deutschland, waren es auch in den USA YouTuber, die zur Gründung beitrugen. Die beiden Brüder Hank und John Green von den vlogbrothers haben die Convention ins Leben gerufen und betreiben sie bis heute.

Seit 2012 wird die VidCon im Convention Center in Anaheim, Kalifornien, veranstaltet. Die Messe gehört zu den größten und beliebtesten Webvideo- und Social-Media-Events weltweit. YouTube-Stars aus aller Welt treffen sich dort. Neben Messehallen mit Merch-, Informations- und Unterhaltungsmöglichkeiten bietet die **VidCon** unzählige Panels, in denen über verschiedenste Themen diskutiert wird. Auch hier gibt es Bühnenshows, die aber nicht an die Größe der VideoDays herankommen. Im Jahr 2017 wird die **VidCon** erstmals ihre Pforten erweitern und Europa erobern. Die erste Station wird Amsterdam sein. Und auch in Australien wird haltgemacht und Melbourne gerockt.

XXL TuberDay:

Der **XXL TuberDay** wurde im Jahr 2012 von YouTuber **JimbooXXL** gegründet und findet jährlich statt. Die Besonderheit hierbei: Die Location ist ein Freizeitpark. Neben Autogrammstunden und einer Bühnenshow haben die Besucher auch die Möglichkeit, den Park zu besuchen. Inzwischen ist auch der **XXL TuberDay** ordentlich gewachsen und hat sich auf mehrere Standorte ausgeweitet. Das Original gibt es im *Movie Park* bei Bottrop. Einen weiteren Ableger im *Heide Park* in Soltau und passend zur Jugendmesse **YOU** noch mal in Berlin bzw. in Dortmund. Die Bühnenshow ist zwar überschaubar, bietet für YouTuber trotzdem immer wieder eine gute Plattform, um sich ihren Fans zu präsentieren. Da der **TuberDay** nicht riesig groß ist, kann man ihn wirklich empfehlen, ohne dabei Angst vor einem riesigen Massenansturm haben zu müssen.

Deutscher Webvideopreis:

Der **Webvideopreis (WVP)** ist die wohl wichtigste Preis-
verleihung, die die deutsche Webvideobranche zu bieten
hat. Seit 2011 werden Jahr für Jahr in Düsseldorf Preise
an Webvideo-Künstler in verschiedenen Kategorien verliehen. **DieLochis** zum Beispiel haben
2012 den Award für beste „**Newcomer**"
gewonnen. Fünf Jahre später zählen sie
zu den erfolgreichsten YouTubern, die es
in Deutschland jemals gegeben hat. Aber
selbst der Webvideopreis hat mal klein
angefangen und ist mit den Jahren stetig

gewachsen. Mit der immer größer werdenden Bedeutung von YouTube wurde auch der Preis immer wichtiger und so wurde im Dezember 2016 in der Schweiz sogar ein eigener **WVP** veranstaltet, wo die besten Schweizer YouTuber gekürt werden. Was die Echo-Preisverleihung für die deutsche Musikindustrie ist, ist der Webvideopreis für YouTube.

GlowCon:

Die Glow ist eine Messe ausschließlich für Fans der Beauty-Szene im Netz. Die größten Beauty-und-Lifestyle-YouTuber und Social-Media-Stars treffen sich hier alle paar Monate an verschiedenen Standorten in Deutschland, um mit ihren Fans eine geile Zeit zu verbringen. 2016 fand die GlowCon in Hannover, Stuttgart, Bochum und zum Jahresende in Berlin statt. Neben Ständen, bei denen anstehen nicht zur Seltenheit gehört, gibt es natürlich wieder eine Bühnenshow sowie die beliebten Autogrammstunden und Panels. Ähnlich wie auf der VidCon werden dort verschiedenste Themen besprochen, die sich auf die Welt der „Schönheit" beziehen.

Gamescom:

Die Gamescom gibt es schon seit 2009 und damit sogar länger als den YouTube-Hype. Die Veranstaltung ist die derzeit größte Besuchermesse zum Thema Video- und Computerspiele. Seit 2010 das erste Mal ein YouTuber-Treffen auf der Gamescom veranstaltet wurde, ist der Anteil von YouTubern und ihren Fans extrem in die Höhe geschossen. YouTuber sind richtige Stars und besonders die Let's Player sind auf der Gamescom natürlich gern gesehen. Das bedeutet unter anderem auch, dass die Anzahl der Besucher, die die Let's-Player-Szene kennen, überdurchschnittlich groß ist.

Viele Aussteller setzen mittlerweile auf die Reichweite und

den Erfolg der Gamer, um den Zuschauern neben neuen Games noch einen Mehrwert zu bieten. Das hat aber auch zur Folge, dass viele YouTuber nicht mehr ohne Security auf die Messe können. Im Jahr 2016 wurde erstmals eine Rundmail an alle großen YouTuber geschrieben, dass sie sich selbst um Security kümmern müssen oder sonst auch kostenpflichtig die Security des Veranstalters nutzen können.

Positiv für einige der bekanntesten **Gaming-YouTuber** ist ganz klar die Möglichkeit, von Firmen gebucht zu werden, die an ihren Messestand dadurch möglichst viele Besucher locken wollen. Dort treten die Gamer als Moderatoren auf oder auch als reguläre **Let's-Play-Tester** und verdienen natürlich Geld damit. Ein Geschäft, das allen Seiten Vorteile bringt.

Diese **Events** sind jedoch nur eine kleine Auswahl. Jedes Jahr kommen und gehen jede Menge YouTube-Events. Auch YouTuber selbst fangen an, auf Tour zu gehen, wie **PietSmiet** 2016. Veranstaltungen rund um die Webvideo-Welt sind etwas Besonderes und werden es auch immer sein. Doch auch hier wird sich mit der Zeit zeigen, welches Event den längeren Atem hat und am besten angenommen wird. Es gibt zahlreiche Events, doch nicht alle können mit Qualität und Unterhaltungswert glänzen. Was Erfolg hat und was nicht, liegt wie immer bei den Zuschauern, und die kommen eben oft nur, wenn ihre **Lieblings-YouTuber** mit am Start sind.

GELD VERDIENEN

MIT YOUTUBE

Jeder wird schon mal darüber nachgedacht haben, wie toll es wäre, mit YouTube Geld zu verdienen. Man hört ja die unglaublichsten Geschichten davon, wie viel die großen YouTuber so verdienen. Und wenn ein **PewDiePie** im Jahr 2014 schon fast sieben Millionen Euro eingenommen haben soll, dann können wir absolut nachvollziehen, dass du auch darüber nachdenkst.

Es gibt tatsächlich verschiedene Möglichkeiten, dich und deinen YouTube-Kanal zu vermarkten. Hier erklären wir einige **Vermarktungsformen**, die in der Regel von Netzwerken und Künstleragenturen für dich gemacht werden – solltest du Teil davon sein. Falls nicht, schauen wir mal, was du selbst für deine eigene Vermarktung tun kannst.

ABER WELCHE VERMARKTUNGS- MÖGLICHKEITEN GIBT ES ÜBERHAUPT?

AdSense

Seit 2008 gehört Deutschland zum YouTube-Partnerprogramm. Das YouTube-Partnerprogramm ist eine Vermarktungsmöglichkeit, um mit deinen Videos Geld zu verdienen. Wenn du in keinem Netzwerk bist, bietet dir YouTube die Möglichkeit, deinen Kanal selbst mit deinem AdSense-Account zu verbinden und darüber Einnahmen zu erwirtschaften. **AdSense** ist der Online-Vermarktungsdienst von Google für Werbung auf Webseiten, zu denen natürlich auch YouTube gehört. Um Einnahmen zu gewinnen, musst du so einen Account aber erst mal erstellen. Wie das  funktioniert und welche Kriterien du dafür erfüllen musst, findest du **hier**. Anschließend kannst du deinen Kanal für die **Monetisierung**, sprich die YouTube-Vermarktung, freischalten und danach deinen AdSense-Account mit deinem Kanal verknüpfen.

Dazu sind ebenfalls nur einige kleine Schritte nötig und schon kann es losgehen. Wichtig: AdSense zahlt erst ab einem Betrag von insgesamt 70 € aus. Wundere dich also nicht, wenn du in der ersten Zeit noch keine Auszahlung erhältst und deine Gesamteinnahmen unter 70 € liegen.

So, und was passiert dann? Ja, du siehst in deiner Gesamtübersicht, aber auch im „**Bericht zu Einnahmen**", wie viel du mit deinen Videos verdienst. YouTube behält dabei 45 % der Einnahmen und du bekommst die restlichen 55 %. Wenn du bei einem Netzwerk unter Vertrag bist, sind diese 55 % die Grundlage für den Netzwerkanteil. Wenn du dir dann in deinen **YouTube-Analytics** deine Umsätze anschaust, werden dir verschiedene Anzeigenformate begegnen. Dazu gibt es superverständliche Statistiken, in denen diese Anzeigenformate zeigen, wie hoch und häufig sie vergütet wurden, also welches Format dir am

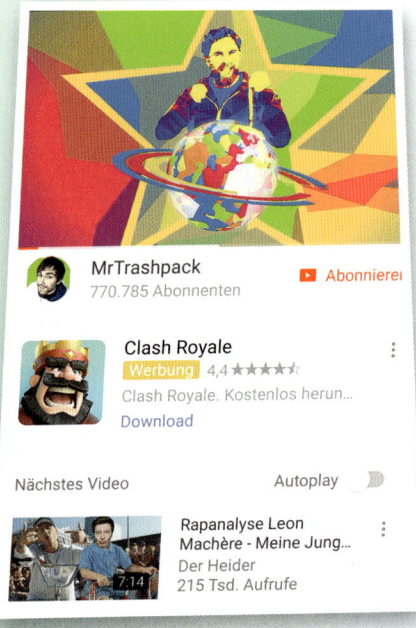

MrTrashpack
770.785 Abonnenten
▶ Abonnierer

Clash Royale
Werbung 4,4 ★★★★⯪
Clash Royale. Kostenlos herun…
Download

Nächstes Video   Autoplay

Rapanalyse Leon
Machère - Meine Jung…
Der Heider
7:14   215 Tsd. Aufrufe

meisten Geld bringt und am häufigsten auf deinem Kanal gezeigt wird.

In jedem Video hast du die Möglichkeit, die Monetisierung anzuschalten oder eben auch wegzulassen. Zu den verschiedenen Anzeigenformaten gehören zum Beispiel Displayanzeigen, die ausschließlich rechts neben deinem Video, über der Liste der Videovorschläge, auftauchen. Dieses Format kann man nicht ausschalten, weil es die Grundvoraussetzung für die Monetisierung bildet. Daneben gibt es noch Overlay-Anzeigen. Das sind diese kleinen Werbebanner, die ab und an im Video auftauchen.

Interessanter sind hier aber die überspringbaren und nicht überspringbaren Videoanzeigen. Diese gibt es in verschiedenen Längen und natürlich auch in unterschiedlichen Einnahmehöhen. Seit einiger Zeit haben sich noch Bumper-Anzeigen (bis zu sechs Sekunden lange, nicht überspringbare Anzeigen vor einem Video) und gesponserte Infokarten (für das Video wichtige Inhalte, wie Produkte, die im Video gezeigt werden) hinzugesellt. Wer sich einen Überblick zu allen möglichen Anzeigenformaten verschaffen möchte, kann dies über folgenden **QR-Code** machen.

Product Placement

Eine Form der Vermarktung ist **Product Placement** (Produktplatzierung). Die Bezeichnung stammt aus der Werbung und meint in der Regel die Platzierung von Produkten oder Werbebotschaften in redaktionellen, also informativen oder unterhaltenden Sendungen – im Falle von YouTube in deinem Format.

breeding unicorns mit Wuzzup-Merch

So gehen **Marken** auf YouTuber zu, schreiben sie, ihr Netzwerk oder Management an und stellen für eine Produktplatzierung kostenlos Ware zur Verfügung, die dann, ohne dass sie dein Video stört oder thematisch davon ablenkt, eingebaut werden soll. Natürlich kann hier auch Geld fließen, doch je nachdem, ob man eben ein Netzwerk oder Management hat, erhalten diese noch einen **Share**, also einen Anteil davon. Ebenfalls möglich ist, dass du selbst eine Marke kontaktierst und um Unterstützung/Bereitstellung von Produkten bittest. Und auch hier sollte dies – falls vorhanden – mit dem Einverständnis deines Netzwerks oder Managements passieren.

Wann für dich der beste Zeitpunkt ist, ein **Placement** auf deinem Kanal zu machen, kommt auf verschiedene Punkte an. Marken und Produkte gibt es wie Sand am Meer, doch nicht jedes Produkt passt zu deinem Kanal. Zuallererst solltest du dir gut überlegen, ob du so was überhaupt machen und so eine **Verpflichtung** eingehen möchtest. Wenn du für dich die Entscheidung triffst: „Nein, das ist nichts für mich", mach es auch nicht und lass dich nicht überreden. Sagst du aber: „Okay, ich kann mir das gut vorstellen, weil es zu meinem Kanal passt", dann probiere es aus.

Firmen und Marken oder die beauftragten Agenturen wissen in der Regel genau, welche Anforderungen sie an einen YouTuber und seinen Channel stellen, weil sie sich im Vorfeld die verschiedensten Kanäle angesehen haben, um zu schauen, welcher Creator für sie geeignet sein könnte. Natürlich gibt es auch immer wieder Situationen, in denen Firmen nicht ganz klar ist, was der YouTuber eigentlich macht. Das sollte aber die Ausnahme sein. Für eine Marke spielt die **Reichweite** des YouTubers eine große Rolle: Wie viele Views und Abonnenten hast du auf deinem Kanal und wie hoch ist der durchschnittliche Wert pro Video? Ebenfalls sehr wichtig ist das **Kanalthema**. Nicht jedes Product Placement passt zu deinem Channel. Auch ist das Auftreten des YouTubers in seinen Videos von Bedeutung. Man sollte „**clean**" sein und nicht unbedingt mit Schimpfwörtern oder unangemessenem Humor überzeugen wollen. Ein weiterer wichtiger Punkt sind deine **Social-Media-Kanäle**. Hast du einen Facebook-Account, Twitter, Instagram oder Snapchat, kann dies für die Marke/Firma – und natürlich für dich – nützlich sein.

Welches Placement am Ende für dich das richtige ist, musst du ganz allein entscheiden. Ob du als Gamer vielleicht eine coole Gaming-Maus präsentieren willst oder als Beauty-und-Lifestyle-YouTuberin die neueste Make-up-Palette: Alles ist möglich.

Branded Content

Neben Product Placement gibt es noch **Branded Content** als Vermarktungsform. Der Begriff geistert seit etwa 2014 durchs Business, doch eine konkrete Definition gibt es leider nicht. Wir versuchen es dennoch mal. Branded Content ist eine Form

der **Marketingkommunikation**, welche die Marketing-botschaft nicht mit dem Dampfhammer ausspricht, sondern durch sogenannte native Einbindung. Das bedeutet, man strickt eine Geschichte um das Thema, das beworben werden soll.

Hier ein Beispiel, das prima erklärt, was Branded Content eigentlich ist. Vielleicht erinnert ihr euch noch an die Kampagne einer deutschen Krankenkasse, die mit vielen großen deutschen YouTubern zusammengearbeitet hat. Hierbei haben die Videos beschrieben, wie die YouTuber aus einer Lebenskrise mithilfe der Krankenkasse herausgekommen sind. Die Geschichten, die dabei erzählt wurden, haben auf ihre Weise nicht die Krankenkasse in den Vordergrund gestellt, sondern nur den Weg der YouTuber aus ihrer Krise. So war auch Phil ein Teil dieser Kampagne und wer sehen möchte, wie er es geschafft hat, sein Lispeln zu besiegen, sollte den folgenden QR-Code scannen.

SO HABE ICH ES GESCHAFFT! - Mein Weg gegen das Lispeln #wireinander
MrTrashpack · 464.092 Aufrufe

👍 18 Tsd.   👎 437

Wie du siehst, ist Branded Content eine elegante Art der Werbeeinbindung für deine Videos. Ob jetzt Branded-Content-Projekte für deinen Kanal das Richtige sind, solltest du dir genau überlegen. Denn auch hier gilt: **Nicht alles passt zu dir.** Doch nicht immer ist es möglich, an so einem Projekt teilzunehmen, weshalb auch Product Placements für dich eine gute Alternative sein können.

Sponsoring

Sponsoring hast du bestimmt schon einmal gehört, denn es ist aus der Sportwelt gar nicht mehr wegzudenken. Jeder wird irgendeinen Sportler kennen, der von einer Schuh-, Rasierer- oder Automarke gesponsert wird, um ihren Wert und ihre Bekanntheit zu steigern. Und genau das ist **Sponsoring.** Die Marke verlangt vom Gesponserten eine Reihe von Leistungen, unter anderem, dass sie den Namen des Gesponserten für Werbung verwenden darf. Die Marke profitiert vom guten **Image** und der **Sympathie** der Person.

Im YouTube-Bereich können solche Sponsorings auf verschiedene Art und Weise vorkommen. So wird relativ oft ein Gamer von einem Hardwarehersteller mit dem nötigen Equipment versorgt und er benutzt im Gegenzug diese Hardware in seinen Videos und weist darauf hin. Der Hersteller erhofft sich dadurch einen höheren Verkauf der Produkte, weil die Community ihrem Star vertraut und das empfohlene Produkt kauft. Das kann auch monatlich vergütet werden. Gern gesehen wird es auch, wenn der Gamer Verlosungen der Hardware durchführt. Zum Beispiel als Give-away für seine Fans, wenn er einen bestimmten Milestone bei seinen Abonnenten erreicht hat.

Ähnliche Sponsorings tauchen auch im Beauty-und-Lifestyle-Bereich auf. Ob das nun Make-up, Kleidung oder andere Beauty-Sachen sind, ist dabei nicht wirklich wichtig. Viele Marken möchten, dass die YouTuber diese Produkte über einen längeren Zeitraum benutzen und in ihre Videos einbinden. Dabei wird in der Regel das Logo des Herstellers oder die Marke in verschiedenen Videos gezeigt oder erwähnt. Sponsorings bieten sich für langfristige Bindungen an eine Marke an. Zum einen sichern sie dir ein gewisses regelmäßiges Einkommen, und wenn du diese Marke sowieso gerne nutzt, ist das natürlich umso besser.

Social-Media-Vermarktung

Ja, auch das gehört zu den Möglichkeiten, mit denen ein YouTuber Geld verdienen kann. All die im Kapitel „Social Media" erwähnten Plattformen lassen sich vermarkten.

Wenn eine Marke, dein Netzwerk oder dein Manager mit einer Kampagne auf dich zukommt, stellt sich immer die Frage nach einer Social-Media-Begleitung. Diese

Möglichkeit des Geldverdienens solltest du auf jeden Fall in Betracht ziehen. In der Regel wird danach gefragt, welche Plattformen du bedienst und wie viele **Follower** du überall hast. Auch die Anzahl deiner Klicks, die sogenannte **CTR** (Click-Through-Rate) oder **Klickrate**, ist eine wichtige Kennzahl für eine Marke. Wenn man zum Beispiel auf Instagram 250.000 Follower hat und deine Bilder im Schnitt 15.000 Mal gelikt werden, dann hast du eine CTR von sechs Prozent. Je höher die CTR liegt, umso besser. Ein Wert zwischen fünf und zehn Prozent ist wirklich gut. Selbst die ganz großen Instagramer haben nur in Ausnahmefällen mal eine höhere CTR. So schafft es Taylor Swift durchschnittlich nur auf zwei Prozent. Das klingt nicht viel, sind aber in ihrem Fall dennoch fast zwei Millionen Likes. Eine wirkliche Ausnahme bilden die Zwillinge **Lisa and Lena**, denn sie bringen es häufig bei ihren Bildern sogar auf über 15 Prozent.

Gerade, wenn du dir auf den verschiedenen Plattformen zusätzlich zu deinem YouTube-Kanal eine große Reichweite aufgebaut hast, kannst du ordentlich Geld verdienen. Je nachdem, um was für eine Art von Kampagne es sich handelt, sind Twitter, Instagram oder Snapchat wirklich interessant, wenn du dein Taschengeld ein bisschen aufbessern willst.

<u>ALS BEISPIEL:</u>

EINE MODEMARKE KOMMT AUF DICH,BEAUTY-UND-LIFE-STYLE-YOUTUBERIN, ZU UND MÖCHTE GERN, DASS DU MIT IHRER NEUEN SOMMERKOLLEKTION EIN LOOK-BOOK MACHST. DAFÜR BEKOMMST DU DIE KLEIDER GESTELLT UND AUCH NOCH GELD ON TOP. DA IST ES FÜR DIE MARKE NATÜRLICH SUPER, WENN DU EINEN INSTAGRAM-ACCOUNT HAST, UM BEGLEITEND BILDER ZU POSTEN, UND VIELLEICHT AUCH SNAPCHAT, UM DEINEN FANS VOM DREH DES LOOKBOOKS ETWAS ZU ZEIGEN. FÜR BEIDES SOLLTE DIE MARKE NATÜRLICH ETWAS BEZAHLEN. DOCH DAS MUSS SICH AUCH IN EINEM NORMALEN RAHMEN BEWEGEN. VERSUCHE, REALISTISCH ZU SEIN UND KEINE ÜBERZOGENEN PREISE ZU NEHMEN. DEIN MANAGER ODER NETZWERK WIRD WISSEN, WIE HOCH MAN GENAU GEHEN KANN.

Wie du siehst, ist die Kombination aus verschiedenen Plattformen für dich als YouTuber echt wichtig, wenn du mit deinem Channel Geld verdienen möchtest.

Influencer-Marketing-Plattformen

Plötzlich schießen sie aus dem Boden wie Pilze: **Influencer-Marketing-Plattformen** sind die neue Art der direkten Vermarktung von YouTube-Kanälen. Unternehmen wie **Reach-Hero**, Buzzbird, HitchOn oder **Media-Part** sind euch vielleicht schon bekannt. Sie bieten oft kleinen bis mittelgroßen YouTubern die Möglichkeit, auch ohne riesige Reichweite an Kampagnen teilzunehmen. In der Regel leben diese Kampagnen von Product Placements. Doch auch hier gibt es Unterschiede. Schauen wir uns doch mal ein bisschen um.

ReachHero startete Anfang 2015 mit seinem Modell eines virtuellen Marktplatzes. Kunden können hier ihre Kampagne mit ihrem Budget und Anforderungen einstellen und festlegen, auf welcher Social-Media-Plattform diese stattfinden soll. YouTuber/Influencer können sich dann mit ihren eigenen Preisvorstellungen und Ideen darauf bewerben. Die Marke kann sich anschließend ihren perfekten Influencer heraussuchen. Zudem bietet ReachHero die Möglichkeit einer direkten Suche nach einem geeigneten Kandidaten an.

AUCH GIVE-AWAY (GE-
SCHENKE)-UND PER-
FORMANCE-KAMPAGNEN
(Z. B. ÜBER DIE ANZAHL
DER VIEWS, NEUE ABON-
NENTEN ODER KLICKS AUF
EINEN LINK IN DER VIDEOBE-
SCHREIBUNG) GEHÖREN ZU
REACHHEROS ANGEBOT.

Für den Influencer ist die Anmeldung natürlich kostenlos,
du musst aber mindestens 1.000 Abonnenten oder Follower
aufweisen können. Mittlerweile sind weit mehr als 5.500
Influencer registriert und nehmen an Kampagnen teil.

BuzzBird trat das erste Mal im Januar 2016
in Erscheinung. Kunden und Influencer melden
sich an, tragen ihre Daten ein und werden
mittels eines Algorithmus einander gegenseitig
vorgeschlagen. Auch hier ist die Anmeldung für
den Creator kostenfrei, er muss aber, wie bei
ReachHero, mindestens 1.000 Abonnenten
haben. BuzzBirds Hauptaugenmerk liegt auf
Transparenz und Fairness, weshalb sein Ge-
schäftsmodell auch auf der klassischen TKP-

Basis (Tausenderkontaktpreis) aufgebaut ist. Um TKP mal vereinfacht zu erklären: Du erreichst mit deinem Video 50.000 Views. Als Beispiel: Dein TKP beträgt acht Euro, also acht Euro pro 1.000 Views, dann würdest du damit 400 € verdienen.

HitchOn war die erste YouTube-Marketing-Plattform und startete Anfang 2015. Ähnlich wie bei den anderen Plattformen kann sich der Influencer anmelden und bewirbt sich auf die Kampagne einer Marke. Der Unterschied besteht aber darin, dass der Creator auch eigene Projekte ausschreiben kann und sich das Unternehmen dann bei ihm meldet. Zusätzlich gibt es die Möglichkeit, mit TV-Sendern zu kooperieren – vor allem seit das „Junge Angebot" von ARD und ZDF mit Funk an den Start gegangen ist. Nicht nur Product Placements, sondern auch Branded-Content-Projekte und Sponsorings gehören zum Angebot von **HitchOn**, was ihm den Charakter einer Agentur verleiht.

Zu den bisher eher unbekannten Influencer-Marketing-Plattformen gehört **Media-Part**. Wie schon bei **BuzzBird** und **ReachHero** setzt **Media-Part** auf das Marktplatzmodell – alles automatisch und unkompliziert. Das Besondere an **Media-Part** jedoch ist der Status als MCN, also YouTube-Netzwerk.

Damit bietet es einen Service, der den anderen Plattformen nicht zur Verfügung steht. Und das Unternehmen ist ebenfalls auf den internationalen Markt ausgerichtet.

Bei all diesen Plattformen kann man sich anmelden, ob man in einem Netzwerk ist oder nicht. Somit wollen die Anbieter niemanden im Vorhinein ausschließen – und genau hier liegt aber auch ein kleines Problem. Wenn du bei einem Netzwerk bist, hat das Netzwerk oftmals die **Exklusivität** auf Vermarktung. Das hast du wahrscheinlich unterschrieben. Meldest du dich bei so einer Plattform an, ohne dass du im Vorfeld mit deinem Netzwerk oder deiner Agentur gesprochen hast, kann das Probleme geben. Deshalb informiere dich immer, ob du das überhaupt darfst. Einige Plattformen arbeiten auch mit Netzwerken zusammen oder es gibt „**Special Agreements**" und dann ist alles fein.

Wie bei allen Möglichkeiten der Vermarktung deines Kanals vergiss bitte nicht, alles zu kennzeichnen – das ist extrem wichtig. Aber was genau ist mit „**kennzeichnen**" gemeint? Finde es im nächsten Abschnitt heraus!

Kennzeichnung von Werbung

Seit im Frühjahr 2014 die damals bekannten und reichweitenstarken YouTube-Stars **Y-Titty** und **Daaruum** beschuldigt wurden, auf ihren Kanälen bezahlte Product Placements nicht richtig oder gar nicht gekennzeichnet zu haben, schlägt das Thema **Schleichwerbung** immer wieder große Wellen. Hierbei ist vor allem die **Transparenz**, also die Erklärung den Zuschauern gegenüber, dass es sich bei dem Produkt im Video um Werbung handelt, wichtig.

Werbeformen wie Product Placements sind erlaubt und können auch von jedem, der auf YouTube aktiv ist, genutzt werden. Doch die korrekte **Kennzeichnung** ist dabei besonders wichtig, denn sonst kann es passieren, dass man eine Abmahnung vom Anwalt in der Post hat. Dabei kann es zu Kosten von einigen Tausend Euro bis hin zu Bußgeldern von Aufsichtsbehörden in Höhe von bis zu 50.000 € kommen.

Wenn du alles richtig machen möchtest, solltest du dir den Flyer „**FAQs – Antworten auf Werbefragen in sozialen Medien**" der Landesmedienanstalten aus dem Internet besorgen. Hier steht verständlich, wie du wann was kennzeichnen musst. Unterteilt und erklärt ist das Ganze anhand von sechs Beispielen. Zum Beispiel, was gilt, wenn du ein Produkt kaufst, es kostenlos erhalten hast, Geld für die Werbung bekommst oder auch, wenn du ein Produkt verlosen willst. Wichtig: Immer wenn Geld fließt, musst du Werbung kennzeichnen.

Hierbei gibt es zwei Varianten:

VARIANTE 1:

DEIN VIDEO HANDELT AUSSCHLIESSLICH ODER ÜBERWIEGEND VON DEM PRODUKT, DANN SOLLTEST DU ZU BEGINN DEINES VIDEOS EINBLENDEN: „UNTER-STÜTZT DURCH FIRMA XY", UND MUSST ZUSÄTZLICH MÜNDLICH AUF DIE KOOPERATION MIT DEM UNTER-NEHMEN HINWEISEN. EBENFALLS MÖGLICH IST, DASS DU IMMER DANN, WENN DAS PRODUKT ZU SEHEN IST, DAS WORT „WERBUNG" EINBLENDEST. MÖGLICHKEIT EINS IST ABER AUF JEDEN FALL ELEGANTER.

VARIANTE 2:

DER HAUPTFOKUS DEINES VIDEOS LIEGT AUF RE-DAKTIONELLEN INHALTEN, ALSO VERSCHIEDENEN THEMENBLÖCKEN, WIE BEI MRTRASHPACK, UND NUR EIN TEIL IST EIN PRODUCT PLACEMENT, DANN MUSST DU IN DER ZEIT, IN DER DU ÜBER DAS PRODUKT ODER DIE MARKE SPRICHST, EINFÜGEN, DASS ES SICH UM EINE „PRODUKTPLATZIERUNG" ODER „UNTER-STÜTZT DURCH ..." HANDELT. DIES SOLLTE VON DIR EBENFALLS IM VIDEO GESAGT WERDEN.

Ein weiterer wichtiger Punkt, den man schon mal vergessen kann, aber nicht sollte, ist die Kennzeichnung bei deinen bezahlten Social-Media-Posts. Sollte die Marke zusätzlich zu deinem Video auch begleitende **Social-Media-Posts** gebucht haben, musst du auch diese klar kennzeichnen. Hierzu haben sich die Medienanstalten Ende letzten Jahres noch mal geäußert und festgelegt, dass du mit den Kennzeichnungen **#ad** (Advertisement), **#Werbung**, **#sponsored by** oder **#powered by** auf der sicheren Seite bist.

Was du aber auch nicht vergessen darfst, ist, dass YouTube ebenfalls Richtlinien zur Kennzeichnung von Werbung hat. Die sind zwar relativ allgemein gehalten und betreffen auch ausschließlich die Plattform selbst, dennoch solltest du dir diese **Richtlinien** auch anschauen, bevor du eine Kampagne annimmst.

So, jetzt weißt du, wie du mit YouTube Geld verdienen kannst. Aber um vielleicht eine bestimmte Marke oder Firma für dich zu begeistern, solltest du dich und deinen Kanal bestmöglich präsentieren. Wie du das anstellst, findest du heraus, wenn du zur nächsten Seite blätterst.

WIE
PRÄSENTIERE ICH
MICH SELBST?

Wie du ja jetzt bereits weißt, kannst du durch die Vermarktung deines Channels mit YouTube auch Geld verdienen. Viele junge Creator, wie auch du am Anfang, sind nicht bei einem **Netzwerk** und haben auch keinen eigenen **Manager**, weshalb sie diesen Job selbst übernehmen müssen. Und dafür musst du dich selbst richtig präsentieren können. Natürlich ist das, was wir dir hier versuchen zu erklären, keine hundertprozentige Garantie, dass deine Präsentation so läuft, wie du es dir vorgestellt hast. Aber gern möchten wir dir einige grundlegende Tipps an die Hand geben.

Im Grunde bedeutet, sich zu **präsentieren** oder zu **pitchen**, jemandem etwas schmackhaft zu machen oder eine Ware/Dienstleistung anzubieten. Jetzt fragst du dich vielleicht, was das eigentlich mit dir zu tun hat. Du machst deine Let's Plays, drehst Comedy-Sketche, vloggst deinen Lifestyle oder bringst deiner Community etwas über Geschichte bei. Wem außer deinen Zuschauern willst du etwas schmackhaft machen?

Na ja, stell dir einfach mal vor, du hast eine geniale Idee für ein interaktives Format, in dem du mit 360°-Videos deine Zuschauer an Geschichte teilhaben lassen willst. Oder du möchtest der deutsche **Casey Neistat** werden. Vielleicht bist du der witzigste Typ der Welt, doch deine qualitativen Skills in Schnitt und Kameraführung sind noch nicht das Nonplusultra. Es kann auch sein, dass du genug von Netzwerken und

Managern hast und den Job jetzt selbst übernehmen willst. Oder es ist einfach *deine* Zeit gekommen und du willst etwas ändern. Was davon auch immer auf dich zutrifft, dir bleibt nichts anderes übrig, als deine Ideen oder Projekte jemandem zu präsentieren, um die nötigen finanziellen Mittel zu erhalten, damit etwas daraus wird.

WIE MACHT MAN DAS?

Die erste Möglichkeit, die du probieren kannst: Zeig es deiner Community und deinen Fans da draußen! Das kann manchmal schon reichen. Denn wenn sie dich zum Beispiel über eine **Crowdfunding-Kampagne** unterstützen und du so schon genügend Geld heranschaffst, mit dem du dein Projekt finanzieren kannst, dann ist das perfekt.

Doch oft reicht das leider nicht aus und man gerät in die Situation, auch bei Marken und Institutionen anklopfen und sich und sein Projekt präsentieren zu müssen. Im Vorfeld solltest du dir über einige Punkte Gedanken machen, die wichtig für den Erfolg deines Projekts sein können. Verstehe den **Markt**, in dem du dich bewegst, und kenn deine Mitbewerber bzw. Konkurrenten. Und vor allem: **Kenn dein Alleinstellungsmerkmal, also das, was dich besonders macht.**

WARUM IST DEIN PROJEKT FÜR DIE MARKE WICHTIG?

In erster Linie bist du YouTuber. Du machst Let's Plays wie **Benx** oder du drehst mit deinen Kumpels Comedy-Videos wie **SceneTakeTV**. Vielleicht hast du auch einen Tech-Channel wie **Felixba**, auf dem du deinen Zuschauern zeigst, wie sie das neuste iOS-Smartphone bedienen oder welche neuen Features das neue Android-Handy hat. Die drei Kanäle haben etwas gemeinsam: **Sie wissen genau, was sie antreibt, was sie erreichen wollen und was sie besonders macht.** Sie alle sind Experten auf ihrem Gebiet und kennen ihr Alleinstellungsmerkmal.

Seit fast zehn Jahren hat sich ein Begriff eingestellt, der aus dem YouTube-Business gar nicht mehr wegzudenken ist:

der **Influencer**. Ein Influencer ist eine Person, die aufgrund ihrer Reichweite und ihres Ansehens in sozialen Netzwerken, zu denen auch YouTube zählt, eine breite Masse anspricht. Dieses Ansehen ist äußerst wichtig, weil es zur Stärkung der Marke beitragen kann. Mit der Zeit entstanden Jobs wie **Online-Manager**, **Influencer-Manager**, **Content-Marketing-Manager** und noch Dutzende andere Manager für das Business, in dem du dich bewegst. Ob nun inhouse bei der Marke selbst oder über Agenturen, die beauftragt werden – denen musst du erklären, warum sie mit dir zusammen dein Projekt realisieren sollen.

Marken sehen YouTuber und das, was sie tun, oftmals nur als **Reichweitenbringer** für eine Kampagne. Sie kennen deine Abonnentenzahl und sehen, wie viele Views du pro Video bekommst. Das kann manchmal schon reichen, damit sie dein Projekt unterstützen. Doch wenn das nicht ausreicht, hast du ein Hilfsmittel, das die wenigsten anderen Medien bieten können: **deine YouTube-Analytics**. Mithilfe der Analytics kannst du der Marke genau sagen, welche Altersstruktur deine Community hat, wie deine **Click-Through-Rate** bei Links aus deinen Videos ist oder wie deine Zuschauerbindung aussieht. Durch dieses Tool kannst du genau erklären, was eine Marke erwartet, wenn sie mit dir zusammenarbeitet.

Da sich der Markt für **Influencer-Marketing** gerade erst so richtig entfaltet und das Augenmerk auf YouTube noch nicht bei allen angekommen ist, wirst du immer noch als Ausnahmeerscheinung gesehen. Gerade in der Anfangszeit waren YouTube-Videos verwackelt, low quality und über Katzen. Mit der Zeit stieg die **Qualität** aber ungemein und manch ein YouTuber produziert so gut, wie man es sonst nur aus dem Fernsehen gewohnt ist. Das kommt auch langsam bei den Marken an. Da die technische Qualität mittlerweile so viel besser als früher ist, solltest du auf jeden Fall wissen, wer deine möglichen Mitbewerber sein könnten. Denn es kommt mit Sicherheit vor, dass es andere YouTuber gibt, die ähnliche Projekte vorhaben und auch gute Videos machen. Deshalb solltest du dein Umfeld genau kennen. Neben YouTubern können zu deiner **Konkurrenz** auch Agenturen, die mit ihrer Kreativ-abteilung ähnliche Konzepte entwickelt haben, zählen.

Natürlich ist es möglich, dass auch Influencer anderer Plattformen deinem Projekt zuvorkommen können. Oder – und das kann immer wieder passieren – deine **Community** hat null Bock auf dein Projekt und unterstützt es nicht. Am Ende gibt es unzählige Möglichkeiten, die dazu führen können, dass aus deinem Projekt nichts wird. Doch das sollte dich nicht davon abhalten, es zu versuchen und dich zu präsentieren.

WANN PRÄSENTIERST DU DEIN PROJEKT?

Na, wenn ich einen Termin bei der Marke habe oder ich denen eine E-Mail schreibe, oder? Im Grunde ist das richtig, doch eigentlich kannst du das immer machen. Stell dir vor, du bist bei einem Workshop und lernst etwas über 360-Grad-Kameradreh. Dein Projekt soll Geschichte für deine Community erlebbar machen. In der Regel ist es so, dass die Teilnehmer eines Workshops im Anschluss nicht gleich auseinanderrennen, sondern sich austauschen. Das bietet dir die Möglichkeit, dein Projekt zu präsentieren. Und auch wenn keine Marke unter den Teilnehmern ist, wird es sicherlich jemanden geben, der jemanden kennt, der jemanden kennt und so weiter. Dieses **Netzwerken** ist ganz wichtig für dich und dein geplantes Projekt.

Schauen wir uns eine andere Situation an, die du vielleicht schon aus dem Fernsehen, der Presse oder sogar aus dem Wirtschaftsunterricht kennst: **den Elevator Pitch**. Was hat der Aufzug damit zu tun? Sehr viel sogar. Du hast einen Termin bei einer Marke, um dein Projekt vorzustellen. Neben dir im Aufzug steht der Marketingleiter der Firma. Was machst du? Schüchtern dastehen und hoffen, dass sich bald die Türen öffnen? Oder vertraust du auf deine Stärken und dein Können und kannst ihn schon dort in 60 Sekunden Fahrtzeit überzeugen?

Jede Situation, in der du dein Konzept präsentierst, ist anders. Sämtliche Gegebenheiten können voneinander abweichen. Die Personen, mit denen du zu tun haben wirst, sind unterschiedlich. Genauso wie die **Zielgruppen**, das **Thema**, dein **Anliegen**, die **Ziele**, die **Anforderungen**, das mögliche **Budget** – einfach alles. Deshalb ist es unglaublich wichtig, dass du vorbereitet bist und genau weißt, was du willst und wo die Reise hingehen soll. Wichtig ist: **Sei vorbereitet**. Definier für dich selbst, was du von deinem Gegenüber möchtest. Erklär dein Projekt und wie du es umsetzen willst. Mach klar, warum die Marke in dich investieren soll, und zeig auf, was die Vorteile für die Marke sind, also ihre **Benefits**. Wenn du schon ein Erfolgsbeispiel hast, zeig es. Sei bei allem, was du erzählst, klar und konkret. Schweife nicht zu viel ab, sondern zähle Fakten auf. Bullshit hat keine Chance, denn das merken Marken normalerweise sofort. Wer alles in den Himmel hebt und mit den spektakulärsten Zahlen protzt, wird relativ schnell als Dummschwätzer entlarvt. Klare Ansagen, kein Gelaber und vereinbare mit deinem Gegenüber einen Plan, wie es weitergehen soll. Sei ungewöhnlich, hab Spaß und das wohl Wichtigste: **Lebe dein Projekt!**

DIE MARKE WILL MICH/ MEIN KONZEPT – WAS NUN?

Erst einmal: Glückwunsch! Du hast auf jeden Fall einiges richtig gemacht. Doch du bist noch nicht am Ende, denn jetzt fangen die **Vertragsverhandlungen** an. Du solltest den Vertrag von vorne bis hinten prüfen. Da du dein Projekt perfekt präsentiert hast, weiß die Marke im Grunde auch genau, was sie zu erwarten hat. Aber es kann auch vorkommen, dass einige Punkte doch nicht ganz klar sind. Das liegt nicht unbedingt an dir. Oftmals werden im Vertrag die Details nicht exakt festgehalten. **Auf welche Punkte solltest du hier unbedingt achten?**

Nehmen wir an, du bist Gamer mit einem Fokus auf *Minecraft*. Dein Projekt (alles rein fiktiv) ist ein Wettbewerb, bei dem vierzig große und kleinere *Minecraft*-Player in einem Survival-Game gegeneinander antreten. Für diesen Wettbewerb hast du verschiedene Regeln festgelegt, zum Beispiel: Wann wird ins Spiel eingeloggt? Wann startet die Aufnahme? Was muss am Anfang zu sehen sein? Wie kann jemand Game over gehen? Wie lang darf eine Folge maximal dauern?

Genau solche Regeln legt man auch in einem Vertrag fest. Wie soll die **Einbindung** der Marke aussehen?

Welche Dinge darf man über die Marke sagen und welche nicht? Wann soll das Video veröffentlicht werden? Gibt es eine **Abnahmeschleife** durch die Marke (soll heißen: Kann der Kunde das Video im Vorfeld sehen und eventuelle Änderungswünsche äußern)? Wie viel **Zeit** muss man der Marke im Video widmen? Gehören zu dem Deal auch **Social-Media-Posts** auf Facebook, Instagram, Twitter oder sogar auf Snapchat dazu? Dies sind nur einige Dinge, die man im Vorhinein unbedingt klären und festhalten muss, denn sonst kann es zu einem bösen Erwachen kommen – für die Marke, aber auch für dich. Der Grund ist einfach: **Verträge sind immer einzuhalten, und wenn etwas in einem Vertrag nicht drinsteht, kann es Probleme geben.**

Eine ebenfalls beliebte Frage von Marken ist: **Geht das Video viral?** Ja nee, ist klar. Du solltest dem ganz klar eine Absage geben, denn der Begriff „**virales Video**" erweckt bei einem Kunden immer eine falsche Vorstellung von Erfolg. Der Kunde hofft dabei, dass sich das Video wie ein Virus im Netz verbreitet. Gib niemals eine Garantie, denn man kann nicht steuern, ob ein Video viral geht oder nicht. Die Marke wie auch du müssen ganz klar abklären, was sie bzw. du von dem Projekt erwartet. Wenn dir diese Erwartungen als zu hoch erscheinen, sprich darüber und versucht zusammen, eine Lösung zu finden. Wenn es keinen Weg gibt, solltest du lieber absagen und kein unnötiges Risiko eingehen.

So, nur noch ein Hinweis: **Kennzeichne dein Video, wenn du durch einen Kunden unterstützt wirst.** Egal, was du machst, ob ein Product Placement, ein Branded-Content-Projekt oder Sponsoring, du musst es in deinen Videos und Social-Media-Posts kennzeichnen. Aber darüber hast du dich ja bereits im vorherigen Kapitel bestens informiert.

NETZWERKE

UND ALTERNATIVEN

Last, but not least: Netzwerke und andere Möglichkeiten. Ein sehr wichtiges Thema, vor allem, wenn dein Channel gut ankommt und du in kurzer Zeit zahlreiche Abonnenten hinzugewinnst und somit erst interessant für Netzwerke wirst. Viele YouTuber sind Teil eines Netzwerks, ich selbst war bis jetzt schon in zweien. Diese Netzwerke sind schon seit einigen Jahren ein fester Bestandteil im YouTube-Universum und der eine oder andere von euch kennt vielleicht schon die wichtigsten. Doch die wenigsten wissen, dass es Netzwerke noch gar nicht so lange gibt. Nachdem YouTube 2005 gegründet wurde, entstand 2007 das erste Multi-Channel-Netzwerk (MCN) in den USA. **Next New Networks** wurde 2011 von YouTube aufgekauft und verfolgte das Ziel, ein Webvideo-Netzwerk aufzubauen, in dem eigene Programme produziert und Video-Creator unterstützt werden sollten.

Next New Network wurde damals durch seine Kanäle BarelyPolitical (heißt: gerade noch oder nicht ganz politisch), sein Obama Girl sowie den Education-Kanal VSauce von

Michael Stevens bekannt. Es sollte in Deutschland aber bis 2011 dauern, bis auch hier das erste MCN an den Start ging, um YouTube-Videomacher zu unterstützen.

Mediakraft Networks war der erste Player, der die deutsche YouTube-Szene aufmischte. Es folgten 2012 *Divimove*, 2013 *Studio71* sowie 2014 *TubeOne* und *Endemol beyond* (wurde Mitte 2016 geschlossen). Es gibt aber noch viele weitere Netzwerke, die in Deutschland tätig sind: *allyance Network*, *EXMGE*, *Maker Studios*, *Fullscreen*, *BroadbandTV* und viele mehr. Welcher YouTuber in welchem Netzwerk ist, kann sich manchmal wirklich schnell ändern. **Unge** hat sogar schon eine halbe Netzwerk-Weltreise hinter sich. Von *Divimove* zu *Mediakraft* (**#Freiheit**) zu *TubeOne* und mittlerweile ist er bei *Maker Studios* unter Vertrag.

DOCH WELCHE AUFGABE HAT SO EIN NETZWERK?

Es gibt unterschiedliche Arten von **Netzwerken**. Einige sind eher in der Gaming-Szene beheimatet, andere decken eine breite Palette von YouTube-Genres ab. Sie vereinen in der Regel eine große Anzahl von YouTube-Kanälen und sehen sich als **Dienstleister**. Hierbei unterscheiden sich aber auch ihre Leistungen, je nach den Bedürfnissen des YouTubers.

Zu den Leistungen zählen neben der **Künstler-betreuung**, **Content-Entwicklung** (Formatentwicklung), **Produktionshilfe** und **Vermarktung** auch die **Verwaltung digitaler Rechte**. Auch der Aufbau und die Förderung der Kanäle können zu ihren Aufgaben gehören. YouTube-Netzwerke bieten zum Teil auch Musikbibliotheken an, auf die man während der Netzwerkmitgliedschaft für seine Videos zugreifen kann, und Gaming-Netzwerke haben meist auch einen besonderen Draht zu Publishern/Spieleherstellern und können so Spiellizenzen zur Verfügung stellen.

BRAUCHE ICH EIN NETZWERK?

NEIN! Aber die Frage stellt sich normalerweise sowieso erst dann, wenn du schon eine gewisse Reichweite aufgebaut hast. Grund dafür ist, dass man leider als noch kleiner YouTuber nicht sofort auffällt und von Netzwerken gar nicht wahrgenommen wird. Vielen YouTubern, die gerade erst angefangen und von **Networks** erfahren haben, wird erzählt, dass Netzwerke die einzige Möglichkeit sind, um zu wachsen. Wir versichern dir, das ist nicht der Fall. Netzwerke sind keine Garantie für Erfolg, sondern nur du selbst. Dennoch bieten Netzwerke Vorteile, die nicht von der Hand zu weisen sind.

VORTEILE

Reichweitenaufbau

Die wohl bekannteste Leistung eines Netzwerks ist das Versprechen des **Reichweitenaufbaus**. Hierbei kann dir das Netzwerk durch seine Talentmanager dabei helfen, den Kanal zu optimieren. Also sie analysieren deinen Kanal und schauen, ob man was an den **Tags**, der **Beschreibung** etc. ändern kann, um sie noch zu verbessern und den YouTube-Algorithmus noch mehr auf dich aufmerksam zu machen. Sie stehen dir aber auch bei der sogenannten **Cross-Promotion** unterstützend zur Seite. Bei der Cross-Promotion handelt es sich um die Zusammenarbeit der Netzwerk-Kanäle untereinander. Dabei soll durch verschiedene **Interaktionen** der YouTuber miteinander, wie gemeinsame Drehs, gegenseitiges Kommentieren oder Liken, ein positiver Effekt entstehen, durch den die Communitys der anderen YouTuber auf deinen Kanal aufmerksam werden.

Produktionsunterstützung

Zum Beispiel durch die **Music Library**, die Netzwerke dem Creator zur Verfügung stellen, entfällt eine manchmal recht kostspielige Anschaffung und Lizenzierung von **Musik**. Ein Vorteil der Gaming-Netzwerke als weiteres Beispiel ist die Beschaffung von **Gaming-Lizenzen**.

Andere mögliche Services sind die Bereitstellung von Intros, Grafikarbeiten für Banner und Avatar, Animationen, aber auch die Nutzung von Studioequipment wie Kameras, Licht und Ton für die Produktion.

Künstlerbetreuung

Die Künstlerbetreuung ist das A und O für ein Netzwerk. Jeder, der in einem Netzwerk ist, sollte so einen Künstlerbetreuer, Talentmanager oder einfach einen Ansprechpartner haben, der mit Rat und Tat zur Seite steht. Sie kümmern sich um die Angelegenheiten des YouTubers und bilden oftmals die Schnittstelle zwischen den verschiedenen Abteilungen eines Netzwerks.

Bei manchen Netzwerken kann diese Betreuung sehr umfangreich sein. So setzen sie sich mit dem Creator zusammen, schauen dessen Kanal an und entwickeln sogar neue Formate. **Wichtig: Du musst eigene Ideen mitbringen, denn sich alles aus den Fingern saugen kann auch ein Talentmanager nicht.** Es ist ebenfalls möglich, dass der Betreuer den Creator zu Drehs begleitet oder auch bei Auftragsarbeiten die nötigen Schritte einleitet. Bei richtig großen YouTubern kann die **Betreuung** auch noch viel weiter gehen, was aber nur den wenigsten zuteilwird. Das kann manchmal von der Flug- über die Hotelbuchung bis hin zur speziellen Ausstattung in der Backstage-Area bei Veranstaltungen gehen.

Sicherheit

Netzwerke besitzen außerdem ein sogenanntes **CMS**, ein **Content-Management-System**, in welches man mit seinem YouTube-Kanal aufgenommen wird. So ein CMS ist nicht nur dafür da, um dort die YouTube-Einnahmen eines jeden Netzwerk-Mitglieds zu sammeln, sondern es bietet auch einen Schutzmechanismus für **Strikes**. Strikes sind Beschwerden von YouTube oder anderen Personen, die eingelegt werden, wenn es eine Regelverletzung des Urheberrechts, also des Schutzes des geistigen Eigentums, gibt. Sollte es zu so einer Beschwerde kommen, erhält das Netzwerk eine Nachricht von YouTube, auf die in einer gewissen Zeit reagiert werden muss. Da wird dann geprüft, ob die Beschwerde begründet ist oder zufällig entstand. Das Netzwerk klärt quasi das Problem für dich.

Ohne ein Netzwerk wird das Video von YouTube gesperrt und man muss beweisen, dass man tatsächlich Eigentümer der Rechte ist. Wenn dein Video korrekt war, wird der Strike aufgehoben. Solltest du aber tatsächlich das Urheberrecht verletzt haben, bleibt der Strike für sechs Monate bestehen und verfällt erst danach. Aber nur, wenn du dir in dieser Zeit keinen neuen Strike einfängst. Sollte das der Fall sein, bleibt der Strike für immer. Falls dann noch ein dritter hinzukommt, wird dein gesamter Kanal deaktiviert. Das wäre ein ziemlicher Pain in the Ass.

Auch bieten MCNs das Fingerprinting an. Hierbei wird von YouTube selbst die Plattform nach Videos gescannt, die Inhalte von dir enthalten, die unrechtmäßig auf anderen Kanälen veröffentlicht wurden. Diese Form der Sicherheit soll garantieren, dass deine Inhalte auch wirklich nur auf deinem Kanal zu sehen sind und vermarktet werden.

Vermarktung

Im CMS laufen auch deine YouTube-Einnahmen auf. Das Netzwerk hat hier einen allgemeinen AdSense-Account, in dem alle Kanäle gebündelt sind, und es nimmt am

YouTube-Partnerprogramm teil. In Deutschland besteht das Partnerprogramm seit 2008, stand damals aber noch nicht jedem YouTuber zur Verfügung.

Die Österreicher und Schweizer mussten gar bis April 2013 warten, bis das Partnerprogramm freigeschaltet wurde. Vorher war es ihnen nur über den Umweg des Beitritts zu einem deutschen YouTube-Netzwerk möglich, Geld mit ihren Videos zu verdienen. Doch diese Art der Vermarktung ist natürlich nicht die Haupteinnahmequelle für ein **MCN**, sondern macht nur den geringsten Teil aus.

Dein Kanal soll gezielt vermarktet werden. Dazu gibt es verschiedene Möglichkeiten, die ein Netzwerk hier hat und auch umsetzt, zum Beispiel Product Placements, Branded-Content-Projekte und Sponsorings. Je nachdem, welche Reichweite du dir aufgebaut hast, werden dir diese Vermarktungsmöglichkeiten angeboten, ohne dass du direkt auf einen Werbepartner zugehen musst. Dabei kommt es auch darauf an, ob dein Channel bzw. deine Videos für den Kunden matchen, also zum Konzept des Kunden passen.

NACHTEILE

Grundsätzlich wird ein Vertrag zwischen YouTuber und Netzwerk geschlossen, der verschiedene allgemeine Bedingungen beinhaltet. Solche Verträge können sehr kompliziert sein und bedeuten zum Teil auch, dass der YouTuber viele Rechte, wie z. B. die Selbstvermarktung, abtritt. Der Grund dafür ist auch recht einfach. Das Netzwerk möchte eine Exklusivität, was bedeutet, man darf selbst nur noch mit dem eigenen MCN Geschäfte machen und nicht mehr allein auf Marken zugehen. Auch wenn du einen neuen Kanal aufmachst, fällt dieser in der Regel unter diese Exklusivitätsklausel, und das MCN hat hier die Möglichkeit zu entscheiden, ob der Kanal ebenfalls aufgenommen wird oder nicht. Wie weit diese Exklusivität im Einzelnen reicht, ist von MCN zu MCN unterschiedlich und sollte immer von dir verhandelt werden. Lässt sich ein Netzwerk nicht auf solche Verhandlungen ein, sollten bei dir schon die Alarmglocken läuten.

Es kommt vor, dass Netzwerke dir Dinge versprechen, die dann im Vertrag nicht auftauchen oder nur schwammig umschrieben werden. Deshalb ist es ratsam, nicht gleich alles zu unterschreiben. Gerade in der Rechtsprechung müssen Verträge eingehalten werden. Wenn dir zwar versichert wurde, dass sich intensiv um deinen Kanal gekümmert wird, das aber nicht im Vertrag steht, hast du leider Pech gehabt.

Formulierungen, bei denen du definitiv stutzig werden solltest, sind zum Beispiel bei der Vermarktung: **„Durchführung nach billigem Ermessen"** oder **„bestmögliche Bemühung"**. Das heißt erst einmal gar nichts, denn es ist keine Zusicherung, dass sich das MCN tatsächlich für deine Vermarktung einsetzt, sondern nur, dass sie es versuchen werden. Ebenfalls problematisch sind Paragrafen, die erlauben, dass dein Content ohne deine vorherige Zustimmung verändert, bearbeitet, an Dritte veräußert oder verkauft werden kann. Du solltest grundsätzlich das **„Letztentscheidungsrecht"** haben und immer zustimmungsberechtigt sein.

IN SO GUT WIE JEDEM VERTRAG STEHT, DASS DAS NETZWERK IN KEINEM FALL ZUR VERANT-WORTUNG HERANGEZOGEN WIRD, WENN DURCH DEINE VIDEOS RECHTE DRITTER VERLETZT WERDEN. RECHTE DRITTER BEDEUTEN IN DER REGEL URHEBERRECHTE ÜBER MATERIAL WIE BILDER, MUSIK ODER ANDERE INHALTE, DIE DU SELBST NICHT BESITZT.

Sprich: **Du hast keinen Darfschein.** Solch eine Verantwortung kann im Fall einer Rechtsverletzung auch dazu führen, dass das Netzwerk und du gerichtlich belangt werden und hohe Kosten entstehen können. Deshalb findest du in den Verträgen so gut wie immer die **Klausel**, dass du zu 100 Prozent haftest. Das erscheint natürlich ziemlich ungerecht. Ein MCN vermarktet und promotet deinen Kanal und sorgt dafür, dass dein Content öffentlich zugänglich gemacht wird. Somit sollte eine anteilige Haftung eigentlich Voraussetzung sein. Um es vereinfacht zu sagen: **Das Netzwerk sollte dich schützen, beraten und absichern und auch für Fehler geradestehen.**

Wie die meisten wissen, verändern sich YouTube und was auf YouTube Trend ist, unglaublich schnell. Das, was heute der absolute Hype ist, kann morgen schon von vorgestern sein. Wenn man sich ein Jahr auf YouTube so ansieht, erkennt man das sehr schnell, und eigentlich müsste man in Hundejahren rechnen. Also ein YouTube-Jahr sind ungefähr sieben Menschenjahre.

Deshalb scheint eine **Vertragslaufzeit** von einem, zwei oder mehr Jahren für den Beitritt zu einem Netzwerk absolut ungerechtfertigt. Auch eine automatische Verlängerung ist hier ein Nachteil, denn wenn du einmal den Tag verpasst, an dem du eigentlich kündigen könntest, bist du zum Teil gleich noch ein Jahr länger an das Netzwerk gebunden. Zusätzlich gibt es oftmals **Kündigungsfristen** von mehr als drei Monaten, die von einem Creator definitiv nicht akzeptiert werden sollten.

Ziel eines Netzwerks ist es, deine Videos und deinen Kanal zu vermarkten. An dieser Vermarktung möchte das MCN natürlich auch mitverdienen. Das ist schon okay, denn sie stellen zum Beispiel das CMS und die technischen Möglichkeiten zur Verfügung, bieten Services an und promoten deinen Kanal bei möglichen Kunden.

Dabei wird in der Regel ein **prozentualer Anteil** deiner YouTube-Einnahmen, also der AdSense-Einnahmen, fällig sowie ein geregelter **Share** (Anteil) bei der Vermarktung durch Product Placements oder Ähnlichem. Dieser Share ist auf jeden YouTuber ganz speziell abgestimmt. Der Anteil für deine AdSense-Einnahmen kann auch sehr unterschiedlich ausfallen, sollte für das Netzwerk aber nicht höher als 30 Prozent sein.

Ebenfalls möglich ist die Einrichtung einer **Baseline** oder eines **Schwellwerts.** Das bedeutet zum Beispiel, dass das Multi-Channel-Network erst ab einem Einkommen deines Kanals von 1.000 € im Monat an deinen AdSense-Einnahmen mitverdient. Dann aber vermutlich mit einem Share von 50/50.

Ein Beispiel: Du verdienst im Monat 1.300 € mit AdSense, was schon echt nicht schlecht ist, dann müsstest du 150 € an dein Netzwerk abtreten.

1.000 € = Schwellwert = MCN verdient nicht daran

300 € : 2 = 150 € für dich und 150 € für das Netzwerk

Wenn das über eine Laufzeit von einem Jahr so bleibt, ist alles fein. Wächst dein Kanal aber so stark, dass du zum Bespiel nach drei Monaten schon bei 3.000 € bist, ist das Modell Schwellwert ein Nachteil für dich.

1.000 € = Schwellwert = MCN verdient nicht daran

2.000 € : 2 = 1.000 € für dich und 1.000 € für das Netzwerk

Solltest du aber die Möglichkeit gehabt haben, ohne Schwellwert einen Share von 80/20 zu nehmen, müsstest du nur 600 € anstatt der 1.000 € abgeben.

3.000 € x 0,2 = 600 €

Hier sollte man ganz genau nachrechnen und für sich selbst entscheiden, wie man sich die Zukunft seines Kanals vorstellt.

Es gibt aber auch Netzwerke, die sich entschlossen haben, den AdSense-Share auf ein Minimum zu reduzieren, weil ihnen klar geworden ist, dass diese Form der Einnahmen eigentlich nur ein Tropfen auf den heißen Stein ist. Wie der Anteil an einem Product Placement, Branded-Content-Projekt oder Sponsoring aussieht, sollte immer individuell geregelt werden.

Ein Teil, der oftmals nicht konkret in Verträgen erläutert wird, sind die **Leistungen** des Netzwerks selbst. Achte genau darauf, denn wenn diese Konditionen nicht festgehalten sind, hat ein Netzwerk eigentlich keinen Nutzen für dich. Die Vertragsdetails können von MCN zu MCN abweichen und jedes wirbt mit anderen Vorteilen. Deshalb ist es äußerst wichtig, die einzelnen Netzwerke zu vergleichen, bevor man sich entscheidet. Denn was alle gemeinsam haben: **Sie wollen mit dir Geld verdienen.** Die Frage ist nur, wie fair das für dich ist.

Es gibt verschiedene Webseiten und Erfahrungsberichte, die dir helfen, dich über Netzwerke zu informieren. Auch Medienanwälte, die sich mit dem Thema YouTube auseinandersetzen, lassen sich immer häufiger finden. So betreiben die Rechtsanwälte der **Kanzlei WBS** (Wilde, Beuger, Solmecke) einen YouTube-Kanal, auf dem sie verschiedene wichtige Rechte und Pflichten der YouTuber erklären. Über den **QR-Code** kommst du zu ihrer Playlist **„Recht für YouTuber"**.

Aus unserer Erfahrung wissen wir, dass nichts schlimmer für einen YouTuber ist, als unzufrieden mit seinem Netzwerk zu sein. Und spätestens seit dem #Freiheit wissen wir auch, dass es für Netzwerke ziemlich blöd sein kann, unzufriedene YouTuber unter Vertrag zu haben. Ihr könnt euch vielleicht noch an die Nachrichten zu Weihnachten 2014 erinnern. Simon aka **ungespielt** verkündete in einem Video, dass er seine beiden Kanäle **ungespielt** und **ungefilmt** nicht mehr weiterbetreiben wird, weil er mit seinem damaligen Netzwerk **Mediakraft** komplett unzufrieden war. Das war eine fast schon unglaubliche Nachricht, weil die beiden Kanäle zusammen mehr als 2,2 Millionen Abonnenten und mehr als 30 Millionen Views im Monat erreichten! Ob das alles okay von ihm war oder wie das Netzwerk dann reagiert hat, da halten wir uns raus. Aber damit ihr nicht zu solchen Maßnahmen greifen müsst oder vor so einer schwerwiegenden Entscheidung steht, prüft selbst eure Verträge oder lasst sie prüfen.

ALTERNATIVEN

Wie du jetzt weißt, vertreten Netzwerke YouTuber in verschiedenen Angelegenheiten. Ob sie das gut oder schlecht machen, muss jeder selbst herausfinden. Es gibt aber auch **Alternativen** zu Netzwerken, gerade in Bezug auf die Vermarktung und Betreuung. Doch auch dabei muss man genau darauf achten, ob und inwieweit es sich lohnt, so ein Verhältnis einzugehen. Denn wenn man gerade erst mit YouTube beginnt und sich ausprobiert, steht die große Karriere noch nicht im Vordergrund, sondern einzig und allein der Spaß.

MANAGER/KÜNSTLERAGENTUREN

Das Wort **Management** sagt im Grunde schon aus, wofür es steht. Ein Manager übernimmt die Aufgabe, dich in deinem Namen bei Marken, Netzwerken und Institutionen zu vertreten. Er plant mit dir zusammen, wie dein **Auftritt** nach außen ist, wie deine **Corporate Identity** aussehen sollte. Auch organisiert er die **Vermarktung** deines Kanals und deiner Person selbst sowie deine weitere Karriere. Das Besondere bei einem Manager ist vermutlich das Vertrauen, welches man ihm entgegenbringt, weil er dich und deinen Channel in jeder Hinsicht kennen sollte und dich exklusiv vertreten wird.

Es gibt Manager, die arbeiten für sich allein und betreuen nur eine Handvoll Creator, was ein Vorteil sein kann, da er oder sie sich dann zu 100 Prozent auf dich konzentriert. Andere Manager sind für eine **Künstleragentur** tätig. Künstleragenturen existieren schon eine gefühlte Ewigkeit

und sind in der Regel für Sänger, Musiker und Schauspieler zuständig. Mit der Zeit haben die Agenturen aber
ihr Aufgabenfeld erweitert und nahmen auch YouTuber
als Kunden auf. Der Grund dafür ist auch relativ einfach:
YouTuber werden genau wie Sänger, Musiker und Schauspieler für Veranstaltungen gebucht, von Marken an-
geschrieben und möchten gefördert und gefordert werden.
Somit ist das Aufgabenfeld sehr ähnlich. Außerdem
verdienen YouTuber Geld mit ihrem Kanal, ob nun über
ihre AdSense-Einnahmen, Product Placement, Branded
Content, Merchandise oder auch mit Jobs als Moderatoren.
Da liegt es natürlich nahe, dass sich ein Creator auch von
einer Künstleragentur oder einem Manager beraten und
vertreten lässt.

UND WAS IST JETZT DER UNTERSCHIED ZU EINEM YOUTUBE-NETZWERK?

Netzwerke haben ein CMS — so was haben Künstleragenturen in der Regel nicht. Auch haben Manager oder Künstleragenturen meist nicht sehr viele YouTuber unter Vertrag
und können somit viel gezielter auf die Wünsche eines
einzelnen Creators eingehen. Ein Manager ist im Gegensatz zu einem Netzwerkmitarbeiter immer unabhängig

und setzt sich in jeglicher Hinsicht für die Wünsche seines Creators ein. **Netzwerk-Manager** hingegen sind ihrem Arbeitgeber gegenüber verpflichtet und der möchte in der Regel natürlich seinen eigenen Gewinn maximieren.

So ein Manager sollte motivierend, aber auch kritisch sein, sollte wissen, wann er mal auf den Tisch haut, doch auch verständnisvoll sein. Das klingt ein bisschen wie Mama oder Papa, aber so ähnlich kann man sich das vorstellen, nur dass er den Creator eben nicht bevormundet. Wenn man den richtigen Manager gefunden hat, geht es auch bei ihm um Geld. Normalerweise verlangt er einen Anteil von 15 bis 25 Prozent des Bruttoeinkommens (das bedeutet vor Abzug der Kosten wie z. B. Steuern) des Creators. Natürlich ist die **Beteiligung** Verhandlungssache und Sätze von 25 Prozent sollten vom YouTuber nicht akzeptiert werden.

Die Beziehung zwischen Manager und YouTuber ist oft sehr eng und kann auch in den privaten Bereich gehen. Viele lassen sich von ihrer Familie managen oder auch von Freunden oder Bekannten. Wenn du dich entscheiden solltest, bei einer Künstleragentur zu unterschreiben, achte darauf, dass der Vertrag eine **Klausel** enthält, die dich berechtigt, bei einem Weggang des Managers mitzugehen oder, falls dein Verhältnis nicht so eng war, eben auch bei der Agentur bleiben zu können.

Ein anderer wichtiger Punkt bei Managern ist, dass sie dir die Einnahmen und Ausgaben vorlegen müssen, damit du genau nachvollziehen kannst, wofür sie ihr Geld verdienen. Das bedeutet zum Beispiel, wenn ein Kunde mit dir ein Projekt umsetzen möchte und dafür eine bestimmte Summe ausgibt, erfährst du auch tatsächlich, wie hoch dieses Budget ist. Ob von diesem Budget dann noch Produktionskosten oder andere Kosten abgezogen werden, hängt vom Projekt ab. Wichtig ist, dass der Manager mit offenen Karten arbeiten muss – deshalb schenkst du ihm ja auch dein Vertrauen.

Hierbei wie auch bei einem Netzwerkvertrag solltest du unbedingt einen Anwalt zurate ziehen, denn die Beteiligungen von Managern oder Künstleragenturen sind recht weit gefächert und oftmals kompliziert aufgeschlüsselt. Auch sollten Rechte und Pflichten ganz genau definiert sein.

Aus unserer Sicht werden sich die klassischen YouTube-Netzwerke in Deutschland mehr und mehr verändern und den Charakter einer **Künstleragentur** annehmen. Bei vielen großen YouTubern zeigt sich, dass die Vermarktung und natürlich auch die Karriereentwicklung ganz individuell angegangen werden müssen. Bei Netzwerken, die in der Regel Dutzende oder sogar Hunderte YouTuber unter Vertrag haben, gestaltet sich eine ganz persönliche Betreuung eher schwierig. Das heißt nicht immer, dass sie das nicht wollen, doch ein Talentmanager kann eben nur eine gewisse Anzahl an Creator betreuen, wenn er seine Arbeit gut machen will. Um das aber zu ermöglichen, müssen die Netzwerke viele Leute einstellen und bezahlen. Auf Dauer macht das nur Sinn, wenn sie ihre Gewinne maximieren, was bedeuten kann, dass der YouTuber am Ende einer Kampagne oder eines Projekts nur einen Bruchteil dessen verdient, was der Kunde tatsächlich bereit war auszugeben.

Sicherlich haben Netzwerke ein besonderes Vertrauen von YouTube selbst und arbeiten als **Wächter** über die Videos der Creator durch ihr CMS. Doch wie du ja jetzt weißt, machen diese Einnahmen nur einen eher kleinen Anteil der eigentlichen Einnahmen eines YouTubers aus. Aber auch hier müssen wir sagen: Wie du dich auch entscheidest, es liegt bei dir. Wäge genau ab, was für dich Sinn macht und wann. **Und unterschreibe nichts voreilig!**

OUTRO

LETZTE TIPPS VOM MANAGER

YouTube befindet sich jetzt in seinem zwölften Jahr seit der Gründung. In dieser Zeit hat sich sehr viel verändert. Einiges zum Positiven, manches aber auch zum Negativen.

Junge Creator und Influencer erreichen zum Teil Millionen Menschen und begeistern mit ihren Formaten nicht nur ihre eigene Community, sondern sind auch zu Größen in anderen Branchen geworden. Und es wird immer mehr. Mittlerweile gibt es in Deutschland Tausende junge Creator, die dem YouTube-Motto **„Broadcast Yourself"** folgen und Videos veröffentlichen. Manche YouTuber werden ebenfalls zu großen Influencern, doch nicht jeder schafft diesen Sprung. Aktuell gibt es beinahe 100 Kanäle, die entweder fast vor oder schon über eine Million Abonnenten erreicht haben. Das ist einfach unglaublich und zeigt, wie man mit Qualität, aber auch mit Crap erfolgreich werden kann.

Denn genau hier liegt das Problem. Gerade junge Creator sehen, was die großen Hundert so machen, und versuchen, es zu kopieren. Viele lesen in Jugendmagazinen, dass **YouTuber-Sein** ein Beruf wäre – was der größte Bullshit ever ist. Sie träumen vom großen Erfolg und Geld und sind dann zutiefst enttäuscht, wenn es doch nicht klappt. Was die meisten verloren haben, ist die Unbeschwertheit, einfach seinen Ideen zu folgen und Videos zu machen – Just for Fun. Natürlich gibt es die Möglichkeit, ein großer **YouTube-Star** zu werden und sich eine goldene Nase zu verdienen. Am Ende sind es aber doch nur einige wenige, die tatsächlich davon leben können.

Phil bei der Premiere von TubeClash 2

Du solltest dich erst mal ausprobieren und lernen und nicht gleich alles auf Teufel komm raus wollen. Geduld und Originalität sind die einzigen Mittel, die dir helfen, dich weiterzuentwickeln. **YouTube** sollte immer ein Hobby sein und ein Hobby hat man, weil man es liebt. Und auch nur dann kannst du erfolgreich werden.

Dagi Bee und darkviktory

darkviktory hatte mit **TubeClash** Erfolg, weil er Feuer hat, sich mit seinem Format identifiziert und es liebt. Nicht weil er es machen muss. Solange du dir das bewahrst und eben nicht nur ans große Geld denkst, bringst du eine Leidenschaft und Authentizität rüber, die dir deine Zuschauer auch abnehmen.

Ganz wichtig: Lass dir nicht einreden, **YouTuber** zu sein, wäre der neueste geile Job. Mach lieber eine Ausbildung oder studiere. Dann hast du schon mal was Handfestes, sollte es mit der **YouTube-Karriere** nicht funktionieren – und sollte es doch klappen, umso besser. **ConCrafter** hat in seinem Video „**Warum ich studiere**" eine ganz treffende Aussage gemacht: „**Ich möchte nicht irgendwann hier sitzen und dann hab ich nichts in der Tasche.**" Damit ist eigentlich schon alles gesagt.

Wenn du leidenschaftlich bist und für deinen Kanal und deine Projekte brennst, dann steht dir in Zukunft nichts im Wege. Warum? Jetzt bin ich mal ein bisschen provokant, aber ich denke, dass das Fernsehen in den nächsten zehn Jahren in seiner jetzigen Form nicht mehr existieren wird. Heutzutage haben sich **SVoD-Dienste** (Subscription-Video-on-Demand) wie Netflix und Amazon etabliert. Diese Dienste investieren viel Geld in Eigenproduktionen, die dann auch noch reihenweise Preise abräumen. Nichts anderes passiert auf **YouTube**. Hier werden Filme und Serien produziert, die sich teilweise wirklich mit Fernsehproduktionen messen lassen können, eben nur viel preiswerter sind. Und betrachtet man den **Webvideopreis**: Auch dort werden Preise für die besten Videos und Produktionen verliehen. Ganz so verschieden sind diese Plattformen also nicht, und wenn man es ganz genau nimmt, hast du auf YouTube ebenfalls die Möglichkeit, deinen eigenen SVoD-Dienst anzubieten.

Das soll nicht heißen, dass du jetzt alles auf
eine Karte setzen sollst. Dennoch kannst du diese
Chancen nutzen. Wichtig ist nur, lerne und entwickle
dich weiter, ohne den Enthusiasmus und den Spaß
an deinem Hobby zu verlieren.

Ach, und eins noch: Renn nicht gleich zu einem
Netzwerk oder einem **Manager**, die bringen dir
am Anfang sowieso nichts. Vernetz dich lieber
mit Gleichgesinnten. Geh zu den Workshops, triff
Leute, mach was mit Freunden, lass dich nicht über
den Tisch ziehen und sei einfach du selbst.

Leg los, werd groß ☺!

Heiner

LETZTE TIPPS VOM YOUTUBER

Wenn etwas groß, bekannt und beliebt wird, dann verändert es sich. Das ist nur logisch und bringt viele positive, aber auch einige negative Aspekte mit sich. Ich möchte euch zum Schluss einfach mal erzählen, wie sich YouTube in den sieben Jahren verändert hat, in denen ich nun schon als Videoproduzent aktiv, also als YouTuber mit am Start bin.

Inzwischen gehöre ich zwar zum alten Eisen, was YouTube angeht, vor einigen Jahren aber war auch ich ein neuer, junger, aufstrebender YouTuber, der die Welt verändern wollte. Okay, „die Welt verändern" vielleicht nicht, aber ich wollte meinen Teil zur YouTube-Geschichte beitragen. Als ich angefangen habe, Videos zu drehen, gab es nur eine Handvoll YouTuber. Und noch weniger, die wirklich erfolgreich waren. Ganz vorne mit dabei waren Dima und Sascha, DieAussenseiter, die schon im Jahr 2010 drei Mal die Woche Videos veröffentlicht haben, um damit groß rauszukommen. Sie haben es übrigens auch geschafft, die ersten YouTuber in Deutschland zu werden, die die magische 100.000-Abonnenten-Marke geknackt haben.

Übrigens knapp vor **coldmirror**, die lange Zeit die meistabonnierte YouTuberin in Deutschland war. Damals waren 100.000 Abos noch absolut genial. **DieAussenseiter** waren sogar mal in den Top 100 der meistabonnierten Kanäle weltweit. Etwas, was man heute mit 100.000 Abonnenten gar nicht mehr schaffen kann. Als ich damals mit YouTube angefangen habe, ist man noch mit 10.000 Abos in die Top 100 in Deutschland gekommen. Heute braucht man über 800.000 Abonnenten, um es gerade so zu schaffen.

Wenn ich ehrlich bin, manchmal macht es mich etwas traurig, wenn ich darüber nachdenke, wie sich **YouTube** entwickelt hat. Wir als YouTube-Community haben früher hart dafür gekämpft, dass YouTube und seine YouTuber ernst genommen werden. Unser Ziel war es, mit geiler Qualität und Herzblut zu überzeugen. Wir wollten gute Inhalte produzieren und zeigen, dass wir besser als das Fernsehen sind. Wir wollten frei sein, wir konnten machen, was wir wollten, und genau das taten wir auch. Wir haben es TV-Sendern gezeigt, die dumme Inhalte veröffentlichen und die Welt somit verblöden lassen. Außerdem konnte auf **YouTube** jeder etwas aus sich machen, egal ob er pro war oder

Phil auf den VideoDays

nicht. Es war nicht wichtig, dass man perfekt aussieht, perfekt vor der Kamera ist oder dem Mainstream entspricht. Das Motto **„Broadcast Yourself"** war unsere Attitüde. **„Du bist gut so, wie du bist"** war das, was YouTube widergespiegelt hat.

Heute sieht das alles anders aus. Es gibt YouTube-Videos, die sind dümmer als so manche Sendung im TV. Ich gehe sogar so weit und sage, dass Fernsehsendungen, die wir damals als „assi" abgestempelt haben, heute mehr Inhalt und Qualität besitzen als so mancher YouTube-Kanal. Und das, obwohl einige Fernsehsendungen wirklich total verblödet sind … Ich find es so unfassbar traurig! Natürlich, alles verändert sich, und wenn die Bekanntheit wächst, dann kommen auch die an, die **YouTube** damals bloß belächelt haben. Das war mir von Anfang an klar. Womit ich nicht gerechnet hatte, war, dass auf einmal die Leute auftauchen, die sich als **„die Coolen"** bezeichnen. Glatt geputzte Mainstream-Charaktere, bei denen man den einen nicht mehr vom anderen unterscheiden kann.

Zugegeben, im Prinzip wusste ich, dass sobald man mit **YouTube** Geld verdienen kann, der Mainstream Einzug hält und alles grundlegend verändert. Doch ich war damals noch so naiv zu glauben, dass sich dieses YouTube nicht verändern lässt – zumindest nicht so stark. Denn: **„Wir sind ja anders!"** Ich musste feststellen, dass ich mich da komplett geirrt habe. Wir haben **„juhu"** geschrien, als man mit YouTube Geld verdienen konnte und

Roiz, Phil und Fräulein Chaos

es somit zum massentauglichen Mainstream-Ding, auch für die klassische Medienlandschaft, wurde. Wir haben es geschafft!

Was uns nicht gelungen ist: **eine weiße Weste zu behalten**.

Mit den Möglichkeiten und dem Geld kamen nicht nur die Vorteile, sondern auch die Nachteile, denen wir nichts entgegensetzen konnten. Vielleicht auch, weil wir sie nicht als wichtig genug gesehen haben. Das **YouTube**, das heute eine reine Konsum-Plattform ist und bei dem sehr vielen YouTubern das Herz an der Sache fehlt, ist ein anderes **YouTube** als das, was wir Pioniere hatten. Neben dem Wunsch nach Geld, Erfolg und Anerkennung war unsere Absicht, etwas Nachhaltiges zu produzieren oder zumindest Qualität zu bringen, selbst wenn der Inhalt Trash war. Heute geht es oft nur noch darum, wer der Coolste und der Schönste ist, wer die meisten Abos hat, das meiste Geld verdient und die krasseste Karre zu Hause stehen hat. **YouTube** ist oberflächlich geworden! Noch immer kann jeder mit YouTube anfangen. Aber die Chance, auf YouTube etwas zu erreichen, ohne Oberflächlichkeit zu verbreiten, ist deutlich gesunken.

Darum appelliere ich an dich: **Scheiß auf perfektes Aussehen, scheiß darauf, wer der Coolste ist! Scheiß darauf, auf andere zu gucken!** Mach YouTube, weil du Bock drauf hast, und mach das, was dir etwas bedeutet, und nicht nur das, was dir Geld in die Kasse spült. Erfolgreich zu sein und Geld haben zu wollen, ist vollkommen normal und das möchten viele.

Aber sei dir im Klaren darüber, dass das, was du machst, für die Ewigkeit ist. Selbst wenn du Videos löschst, sind sie ein Teil deiner Vergangenheit, ein Teil von dir. Denk darüber nach, was eines Tages mal sein wird, wenn deine Karriere vorbei ist. Ich für meinen Teil könnte keine Videos machen, hinter denen ich so gar nicht stehe. Wenn ich eines Tages zurückblicke und sehe, was ich alles erreicht habe, möchte ich nicht feststellen, dass ein großer Teil meines Erfolgs daraus bestand, in Lebensmitteln gebadet oder Leute für meine eigenen Zwecke ausgenutzt zu haben. Nicht alles, was du machst, muss immer für die Nachwelt wichtig sein, aber du solltest niemals vergessen, dass alles, was du machst, für immer ein Teil von dir selbst bleibt und für dich wichtig sein wird.

Das soll jetzt in keiner Weise deprimierend klingen, sondern lediglich aufrütteln und dir im Grunde sagen: YouTube ist das, was DU daraus machst. Also mach das Beste draus!

Phil

BRUDER VOR LUDER

DIE LOCHIS
DAS BUCH ZUM FILM MIT VIELEN EXTRAS

ERZÄHLT VON NADJA FENDRICH

ISBN 978-3-7855-8445-3

DieLochis gehören zu den beliebtesten YouTubern Deutschlands. Mit *Bruder vor Luder* sind sie nun auch auf der großen Leinwand zu sehen!

Das exklusive Buch zum Film mit vielen Extras.